中国式现代化
100关键词

刘丽敏 编著

中共中央党校出版社

图书在版编目（CIP）数据

中国式现代化100关键词/刘丽敏编著. -- 北京：中共中央党校出版社, 2022.3
ISBN 978-7-5035-7286-9

Ⅰ.①中… Ⅱ.①刘… Ⅲ.①现代化建设—中国—学习参考资料 Ⅳ.① D61

中国版本图书馆CIP数据核字（2022）第051868号

中国式现代化100关键词

责任编辑	蔡锐华　徐　芳　吴容华
版式设计	张　敏
责任印制	陈梦楠
责任校对	马　晶
出版发行	中共中央党校出版社
地　　址	北京市海淀区长春桥路6号
电　　话	（010）68922815（总编室）　　（010）68922233（发行部）
传　　真	（010）68922814
经　　销	全国新华书店
印　　刷	北京文昌阁彩色印刷有限责任公司
开　　本	690毫米×980毫米　1/16
字　　数	198千字
印　　张	16.5
版　　次	2022年4月第1版　2022年4月第1次印刷
定　　价	48.00元
网　　址	www.dxcbs.net　　邮　箱：zydxcbs2018@163.com
微　信　ID：中共中央党校出版社　新浪微博：@党校出版社	

版权所有·侵权必究
如有印装质量问题，请与本社发行部联系调换

前 言

一百年来，中国共产党团结带领中国人民进行的一切奋斗、一切牺牲、一切创造，就是为了实现中华民族伟大复兴，把我国建设成为社会主义现代化强国。党的十九大站在新的更高的历史起点上，对实现第二个百年奋斗目标作出分两个阶段推进的战略安排，提出到2035年基本实现社会主义现代化，到本世纪中叶把我国建成富强民主文明和谐美丽的社会主义现代化强国。党的十九届五中全会着眼于"两个一百年"奋斗目标的有机衔接、接续推进，对未来5年和15年的发展图景进行了描绘，为今后一个时期我国社会主义现代化建设制定了路线图。经过全党全国各族人民持续奋斗，我们实现了第一个百年奋斗目标，在中华大地上全面建成了小康社会，历史性地解决了绝对贫困问题，正在意气风发向着全面建成社会主义现代化强国的第二个百年奋斗目标迈进。习近平总书记在庆祝中国共产党成立100周年大会上的讲话中指出："我们坚持和发展中国特色社会主义，推动物质文明、政治文明、精神文明、社会文明、生态文明协调发展，创造了中国式现代化新道路，创造了人类文明新形态。"党的十九届六中全会通过的《中共中央关于党的百年奋斗重大成就和历史经验的决议》指出："党领导人民成功走出中国式现代化道路，创造了人类文明新形态，拓展了发展中国家走向现代化的途径，给世界上那些既希望加快发展又希望保持自身独立性的国家和民族提供了全新选择。"

《中国式现代化100关键词》，围绕习近平总书记关于"中国式现代化"的重要论述和党中央关于"中国式现代化"的战略方针政策，从11个方面阐释我国的现代化建设，每一章选取相关关键词展开阐释。需要说明的是，有的地方选取一个词组，甚至是一个短句，增强准确性和可读性，从而更好阐释中国式现代化的内容。

2021年1月11日，习近平总书记在省部级主要领导干部学习贯彻党的十九届五中全会精神专题研讨班上的讲话中指出："我们的任务是全面建设社会主义现代化国家，当然我们建设的现代化必须是具有中国特色、符合中国实际的，我在党的十九届五中全会上特别强调了5点，就是我国现代化是人口规模巨大的现代化，是全体人民共同富裕的现代化，是物质文明和精神文明相协调的现代化，是人与自然和谐共生的现代化，是走和平发展道路的现代化。"本书第一章从总体上阐释中国式现代化，从宏观上把握中国现代化的历史背景、内涵、特征、影响等内容。第二章阐述推进中国式现代化的指导思想与领导力量。接下来的九章，是围绕人口规模巨大的现代化、全体人民共同富裕的现代化、物质文明和精神文明相协调的现代化、人与自然和谐共生的现代化、走和平发展道路的现代化等相关方面展开，另外几章则阐释坚持创新在现代化建设全局中的核心地位、国家治理体系和治理能力现代化、推进国防和军队现代化建设等。应该说，通过11章100个关键词的论述，中国式现代化的理念、布局、方针政策、重大意义等诸多方面，都得到了简明的呈现。书中每章选取的关键词，力求全面系统地反映本章内容。撰写过程中充分吸收了习近平总书记重要讲话精神和我们党重要文献的论断表述，特别是与党的十九届六中全会通过的《中共中央关于党的百年奋斗重大成就和历史经验的决议》作了对标对表，从而保证了论述的权威性、系统性、思想性和知识性。

关于中国式现代化的关键词很多，限定100个，是为了挑选最具代表性、最有新颖性的关键词或关键句，把真正需要阐释解读的关键词找出来。当然，由于数量的限制，有的关键词又是紧密联系的，所以本书有个别关键词就是几个关键词的集合。比如，"西部大开发、东北振兴、中部崛起、东部现代化""京津冀协同、长江经济带、粤港澳大湾区、长三角一体化"。本书的关键词可分为三大类：一是常学常新的重要关键词，如全面建成社会主义现代化强国、全体人民共同富裕的现代化、新"四个全面"等，用简练有层次的总结阐明内涵丰富的大概念。二是直接阐释中国式现代化的关键词，如创新驱动发展战略、科教兴国战略、新时代人才强国战略、新型举国体制等，这类关键词在本书中最多，都是从习近平总书记重要讲话和党中央大政方针中提炼出来的。三是答疑解惑型的知识性关键词，如人民币国际化等，把时政热词介绍给读者，希望读者能从关键词中读懂中国式现代化。每一个关键词都是一篇相对完整的小文章，与所在章节内容紧密相连，又具有相对的独立性，读者可以从前到后阅读，亦可查阅式阅读，直接看自己感兴趣的关键词。

伴随着我国现代化建设的推进，中国式现代化必将取得越来越辉煌的成就，我们对中国式现代化的认识也必将更加深入、更加透彻，愿本书能够成为读者认识中国式现代化的有益工具书。

目 录

一
中国式现代化道路

1. 全面建成社会主义现代化强国 | 002
2. 中华民族伟大复兴的中国梦 | 004
3. 从"四个现代化"到"两个一百年" | 006
4. 中国式现代化的五大特征 | 009
5. 全面建成小康社会 | 010
6. 新"四个全面"战略布局 | 012
7. 五年规划 | 014
8. "十四五"规划和2035年远景目标 | 016
9. 中共中央关于党的百年奋斗重大成就和历史经验的决议 | 018
10. 拓展了发展中国家走向现代化的途径 | 021

二
中国式现代化的指导思想与领导力量

11. 归根到底是因为马克思主义行 | 026
12. 马克思主义中国化成果 | 028
13. "两个确立"的决定性意义 | 031
14. 坚决做到"两个维护" | 033
15. 党是风雨来袭时中国人民最可靠的主心骨 | 035
16. 党中央是坐镇中军帐的"帅" | 037
17. 坚持和加强党的全面领导 | 039
18. 依靠党的自我革命跳出历史周期率 | 041
19. 全面贯彻新时代党的组织路线 | 043
20. 朝着全面建成社会主义现代化强国的奋斗目标不断前进 | 045

三
促进人的现代化

21. 人口规模巨大的现代化 | 050
22. 全体人民共同富裕的现代化 | 052
23. 把"蛋糕"做大做好、切好分好 | 054
24. 以人为核心的新型城镇化 | 056

25. 加快推进农业农村现代化 | 058

26. 人民幸福生活是最大的人权 | 060

27. 积极应对人口老龄化国家战略 | 062

28. 健康中国2030 | 065

29. 建设体育强国 | 067

30. 培养担当民族复兴大任的时代新人 | 069

四
构建新发展格局

31. 新发展阶段、新发展理念、新发展格局 | 074

32. 畅通国内大循环与国内国际双循环 | 078

33. 区域协调发展战略 | 081

34. 西部大开发、东北振兴、中部崛起、东部现代化 | 083

35. 京津冀协同、长江经济带、粤港澳大湾区、长三角一体化 | 086

36. 推动高质量发展 | 090

37. 建设现代化经济体系 | 092

38. 提升产业链供应链现代化水平 | 094

39. 中国制造2025 | 096

40. 加强新型基础设施建设 | 098

五
坚持创新在现代化建设全局中的核心地位

41. 科技强则国家强 | 102

42. 打赢关键核心技术攻坚战 | 104

43. 创新驱动发展战略 | 106

44. 深入实施科教兴国战略 | 108

45. 深入实施新时代人才强国战略 | 110

46. 发挥新型举国体制优势 | 112

47. 做强做优做大我国数字经济 | 114

48. 弘扬科学家精神 | 116

49. 弘扬企业家精神 | 118

50. 弘扬劳模精神、劳动精神、工匠精神 | 120

六
说到底是要坚定文化自信

51. 物质文明和精神文明相协调的现代化 | 124

52. 提高国家文化软实力 | 126

53. 坚持马克思主义在意识形态领域的指导地位 | 128

54. 社会主义核心价值观 | 130

55. 以伟大建党精神为源头的精神谱系 | 132

56. 弘扬中华优秀传统文化 | 133

57. 让文艺的百花园永远为人民绽放 | 136

58. 推进媒体深度融合 | 138

59. 讲好中国故事 | 141

60. 推动文明交流互鉴 | 143

七
国家治理体系和治理能力现代化

61. 社会治理体系和治理能力现代化 | 146

62. 中国特色社会主义制度 | 148

63. 坚持和完善社会主义基本经济制度 | 151

64. 中国新型政党制度 | 153

65. 把我国制度优势转化为治理效能 | 155

66. 发展全过程人民民主 | 158

67. 新时代党的治疆方略 | 160

68. 新时代党的治藏方略 | 162

69. 铸牢中华民族共同体意识是新时代党的民族工作的"纲" | 163

70. 新中国第一部以"法典"命名的法律 | 165

八
人与自然和谐共生的现代化

71. 生态兴则文明兴 | 170

72. 可持续发展战略 | 171

73. 绿水青山就是金山银山 | 174

74. 建设美丽中国 | 176

75. 污染防治攻坚战 | 178

76. 2030年前碳达峰行动方案 | 179

77. 生物多样性保护重大工程 | 183

78. 构建国土空间开发保护新格局 | 185

79. 黄河流域生态保护和高质量发展 | 186

80. 实施乡村振兴战略 | 189

九
推进国防和军队现代化建设

81. 强国必须强军，军强才能国安 | 192

82. 国防和军队现代化新"三步走"战略 | 193

83. 全面深入贯彻军委主席负责制 | 195

84. 坚持党指挥枪 | 197

85. 坚定不移走中国特色强军之路 | 199

86. 深入实施新时代人才强军战略 | 201

87. 贯彻依法治军战略 | 203

88. 坚持总体国家安全观 | 206

十
坚持"一国两制"和推进祖国统一

89. 全面准确贯彻"一国两制" | 210
90. 解决台湾问题、实现祖国完全统一 | 212

十一
走和平发展道路的现代化

91. 百年未有之大变局 | 218
92. 构建人类命运共同体 | 220
93. 坚定不移走和平发展道路 | 222
94. 经济全球化是客观现实和历史潮流 | 224
95. "一带一路"与"进博会" | 227
96. 自由贸易区提升战略 | 230
97. 稳慎推进人民币国际化 | 233
98. 践行真正的多边主义 | 235
99. 为世界谋大同 | 237
100. 时与势在我们一边 | 240

参考文献 | 243

后　记 | 247

一

中国式现代化道路

党领导人民成功走出中国式现代化道路,创造了人类文明新形态,拓展了发展中国家走向现代化的途径,给世界上那些既希望加快发展又希望保持自身独立性的国家和民族提供了全新选择。

——《中共中央关于党的百年奋斗重大成就和历史经验的决议》(2021年11月11日中国共产党第十九届中央委员会第六次全体会议通过)

1. 全面建成社会主义现代化强国

2021年7月1日，在庆祝中国共产党成立100周年大会上，习近平总书记代表党和人民庄严宣告："经过全党全国各族人民持续奋斗，我们实现了第一个百年奋斗目标，在中华大地上全面建成了小康社会，历史性地解决了绝对贫困问题，正在意气风发向着全面建成社会主义现代化强国的第二个百年奋斗目标迈进。"党的十八大以来，习近平总书记带领全党全国打响脱贫攻坚战。8年时间实现了现行标准下9899万农村贫困人口全部脱贫，832个贫困县全部摘帽，12.8万个贫困村全部出列，在解决困扰中华民族几千年的绝对贫困问题上取得了伟大历史性成就。全面建成小康社会，标志着我们向全面建成社会主义现代化强国迈出了至关重要的一步，谱写了人类现代化历史进程壮丽篇章。

一百年来，中国共产党团结带领中国人民进行的一切奋斗、一切牺牲、一切创造，就是为了实现中华民族伟大复兴，把我国建设成为社会主义现代化强国。新中国成立以后，我们党带领人民对中国现代化建设进行了艰辛探索，1964年12月21日至1965年1月4日，三届全国人大一次会议举行，周恩来在《政府工作报告》中明确提出"要在不太长的历史时期内，把我国建设成为一个具有现代农业、现代工业、现代国防和现代科学技术的社会主义强国"。从1949年到1978年，我们党领导人民在旧中国一穷二白的基础上建立起独立的比较完整的工业体系和国民经济体系，有效维护了国家主权和安全，我国社会主义建设事业迈出了坚实步伐。

改革开放以后，我们党对我国社会主义现代化建设作出战略安排，提出"三步走"战略，即到20世纪80年代末解决人民温饱问题，到20世纪末使人民生活达到小康水平，到21世纪中叶人民生活比较富裕、基本实现现代化，人均国民生产总值达到中等发达国家水平。进入21世纪，在人民生活总体上达到小康水平之后，我们党又提出，到建党100年时全面建成惠及十几亿人口的更高水平的小康社会，然后再奋斗30年，到新中国成立100年时，基本实现现代化，把我国建成社会主义现代化国家。

党的十八大以来，中国特色社会主义进入新时代，中华民族迎来了从站起来、富起来到强起来的伟大飞跃。党的十九大站在新的更高的历史起点上，对实现第二个百年奋斗目标作出分两个阶段推进的战略安排，提出到2035年基本实现社会主义现代化，到本世纪中叶把我国建成富强民主文明和谐美丽的社会主义现代化强国。党的十九届五中全会着眼于"两个一百年"奋斗目标的有机衔接、接续推进，对未来5年和15年的发展图景进行了描绘，为今后一个时期我国社会主义现代化建设制定了路线图。

实现社会主义现代化和中华民族伟大复兴是坚持和发展中国特色社会主义的总任务。新中国成立以来特别是改革开放以来，我国用几十年的时间，在发展的很多方面走过了西方发达国家上百年甚至数百年的发展历程，成为世界第二大经济体、第一大工业国、第一大货物贸易国、第一大外汇储备国。到"十三五"规划收官之时，我国经济实力、科技实力、综合国力和人民生活水平跃上了新的大台阶，国内生产总值超过100万亿元，人均国内生产总值超过1万美元，城镇化率超过60%，中等收入群体超过4亿人，创造了中国式现代化道路，创造了人类文明新形态。

中国建设的现代化，不是西方化，不是欧美化，是具有中国特色、符合中国实际的。2021年1月11日，在省部级主要领导干部学习贯彻党的十九届五中全会精神专题研讨班开班式上，习近平总书记强调中国式现代化有5点，言简意赅、内涵丰富，为我国的现代化建设指明了方向。世界上人口最多的国家实现现代化，将是人类历史上前所未有的大变革。中国现代化建设的辉煌成就昭示世人，通向现代化的道路不止一条。中国共产党正团结带领中国人民深入推进中国式现代化，努力为人类对现代化道路的探索作出新贡献。

2. 中华民族伟大复兴的中国梦

2012年11月29日，习近平总书记在参观《复兴之路》展览时的讲话中首次提出"中国梦"："我以为，实现中华民族伟大复兴，就是中华民族近代以来最伟大的梦想。这个梦想，凝聚了几代中国人的夙愿，体现了中华民族和中国人民的整体利益，是每一个中华儿女的共同期盼。""中国梦"这三个字从此走进千家万户，激励着每一个中国人奋发向上。

2013年3月17日，习近平总书记在十二届全国人大一次会议上阐明了中国梦的本质。他指出，实现中华民族伟大复兴的中国梦，就是要实现国家富强、民族振兴、人民幸福。中国梦归根到底是人民的梦。

实现中国梦必须走中国道路，这就是中国特色社会主义道路；实现中国梦必须弘扬中国精神，这就是以爱国主义为核心的民族精神，以改革创新为核心的时代精神；实现中国梦必须凝聚中国力量，这就是中国各族人民大团结的力量。

"中国梦"三个字包含了太多内容，"致广大而尽精微"，深耕于我国的历史文化，是国家梦、民族梦、个人梦和世界梦的统一，是习近平总书记在治国理政实践中高度凝练后的形象化表达。

中国梦是国家的梦、民族的梦，旨在实现"两个一百年"奋斗目标，实现中华民族的伟大复兴，全面建成社会主义现代化强国。"中国梦"这一朴素又饱含深情的名词成为融通不同国籍、不同信仰、不同党派中华儿女的共同价值追求。致力于实现中华民族伟大复兴的中国梦，是成为凝聚起海内外中华儿女团结奋进的一面时代旗帜。

中国梦是国家的、民族的，也是每一个中国人的。宏大叙事的国家梦、民族梦，也是具体而微的个人梦。中国梦归根到底是人民的梦，是由一个个鲜活生动的个体梦想汇聚而成的。中国梦不仅表现为国家富强、民族振兴，最终要落实到人民幸福。

中国梦是一个体现和平共赢的"世界梦"。中华民族历来讲求"天下一家"，憧憬"大道之行，天下为公"的美好世界。2017年10月18日，习近平总书记在党的十九大报告中指出："中国共产党是为中国人民谋幸福的政党，也是为人类进步事业而奋斗的政党。"我们党推动构建人类命运共同体，为解决人类重大问题，建设持久和平、普遍安全、共同繁荣、开放包容、清洁美丽的世界贡献了中国智慧、中国方案、中国力量，成为推动人类发展进步的重要力量。一百年来，中国共产党团结带领中国人民不懈奋斗，从根本上改变了中国人民的前途命运，也深刻影响了世界历史进程。中国共产党将坚持走和平发展道路，坚持对外开放，推动构建人类命运共同体，弘扬和平、发展、公平、正义、民主、自由的全人类共同价值，始终做世界和平的建设者、全球发展的贡献者、国际秩序的维护者，努力为人类文明进步和世界和平发展作出新的更大贡献。

3. 从"四个现代化"到"两个一百年"

现代化建设对一个国家的生存与发展十分重要，是政党推动社会变革、实现民族振兴的重要条件支撑。翻开中国近代以来的历史，实现国家现代化和民族复兴是中国人民最伟大的梦想，激励着亿万中华儿女进行矢志不渝的艰辛探索。鸦片战争之后，无数仁人志士苦苦寻求中国现代化之路，但在半殖民地半封建社会的条件下，中国现代化没有也不可能取得成功。

我国古代以农业立国，农耕文明长期居于世界领先水平。工业革命发生后，我们就开始落伍了，西方国家则发展起来了。新中国成立后，我们党领导人民开始大规模工业化建设。1960年3月18日，在同尼泊尔首相柯伊拉腊谈话时，毛泽东提出，我们的任务"就是要安下心来，使我们可以建设我们国家现代化的工业、现代化的农业、现代化的科学文化和现代化的国防"。20世纪五六十年代，我国国家建设取得显著成效。后来，由于在指导思想上出现了"左"的错误，还发生了"文化大革命"那样的十年内乱，加上我们对社会主义建设规律认识不够深入，大规模工业化建设未能顺利持续下去。

党的十一届三中全会开启了改革开放和社会主义现代化建设新时期。我们党根据新的实际和历史经验确立了我国实现社会主义现代化的正确道路，提出"三步走"战略，明确"到21世纪中叶基本实现现代化"。40多年来，尽管遇到各种困难，但我们创造了第二次世界大战结束后一个国家经济高速增长持续时间最长的奇迹。我国经济总量在世界上的排名，改革开放之初是第十一；2005年超过法国，居第五；2006年超过英国，居第四；2007年超过德国，居第三；2009年超过日本，居第二。2010年，我国制造业规模超过美国，居世界

一、中国式现代化道路

第一。我们用几十年时间走完了发达国家几百年走过的发展历程，创造了世界发展的奇迹。

新时代，习近平总书记围绕如何全面建设社会主义现代化这一重大问题，提出一系列新理念新思想新战略，强调实现社会主义现代化和中华民族伟大复兴是坚持和发展中国特色社会主义的总任务，系统谋划了分两个阶段全面建成社会主义现代化强国的战略安排。党的十九大提出，全面建成小康社会、实现第一个百年奋斗目标之后，我们要乘势而上开启全面建设社会主义现代化国家新征程、向第二个百年奋斗目标进军。从第一个五年计划到第十四个五年规划，一以贯之的主题是把我国建设成为社会主义现代化国家。我们用13个五年规划（计划），为实现全面建成社会主义现代化强国这个目标奠定了坚实基础，未来30年将是我们完成这个历史宏愿的新发展阶段。我们已经明确了未来发展的路线图和时间表。这就是，到2035年，用3个五年规划期，基本实现社会主义现代化。然后，再用3个五年规划期，到本世纪中叶，把我国建成富强民主文明和谐美丽的社会主义现代化强国。

为了实现长远目标，中国共产党采取渐进策略，提出一个时期内的目标任务和实现路径，一步一步推进，积小胜为大胜。20世纪60年代，在社会主义革命完成、社会主义建设取得显著成效后，党提出了在20世纪内实现"四个现代化"的奋斗目标和实现这个目标的"两步走"[①]设想。改革开放初期，党提出"小康社会"的构想。20世

---

① 1964年12月21日，周恩来在第三届全国人民代表大会第一次会议上所作的《政府工作报告》提出，从第三个五年计划开始，我国的国民经济发展，可以按两步来考虑：第一步，建立一个独立的比较完整的工业体系和国民经济体系；第二步，全面实现农业、工业、国防和科学技术的现代化，使我国经济走在世界的前列。

纪80年代中期,党制定"三步走"①发展战略;90年代中期,制定新的"三步走"②发展战略。进入新世纪,党提出在21世纪头20年,全面建设惠及十几亿人口的更高水平的小康社会。党的十八大提出到建党100年时全面建成小康社会。党的十九大提出新"两步走"战略安排。这些目标和部署,既保持一定的连续性稳定性,又根据实际情况及时进行调整,以更好适应发展的新形势。

我们要明白,我国的现代化不是西方化,不是欧美化,而是具有中国特色、符合中国实际的。中国特色社会主义道路是实现社会主义现代化的必由之路,是创造人民美好生活的必由之路。我国今天的现代化有以习近平同志为核心的党中央的坚强领导、有习近平新时代中国特色社会主义思想的科学指导、有广大人民的拥护支持和无尽的建设创造能力,我国的现代化必然胜利实现,并镌刻在人类现代化的辉煌史册上。

---

① 1987年10月25日至11月1日,中国共产党第十三次全国代表大会举行。大会提出到21世纪中叶分三步走、基本实现现代化的战略目标,即:第一步,实现国民生产总值比1980年翻一番,解决人民的温饱问题。这个任务已经基本实现。第二步,到20世纪末,使国民生产总值再增长一倍,人民生活达到小康水平。第三步,到21世纪中叶,人均国民生产总值达到中等发达国家水平,人民生活比较富裕,基本实现现代化。

② 1997年9月12日至18日,中国共产党第十五次全国代表大会举行。大会提出我国改革开放和现代化建设跨世纪发展的宏伟目标,即21世纪第一个10年实现国民生产总值比2000年翻一番,使人民的小康生活更加宽裕,形成比较完善的社会主义市场经济体制;再经过10年的努力,到建党100年时,使国民经济更加发展,各项制度更加完善;到21世纪中叶建国100年时,基本实现现代化,建成富强民主文明的社会主义国家。党的十五大将十三大提出的第三步具体化为新"三步走",并就第三步的具体内容提出三个阶段性的任务。

4. 中国式现代化的五大特征

2021年1月11日，习近平总书记在省部级主要领导干部学习贯彻党的十九届五中全会精神专题研讨班上的讲话中指出："我们的任务是全面建设社会主义现代化国家，当然我们建设的现代化必须是具有中国特色、符合中国实际的，我在党的十九届五中全会上特别强调了5点，就是我国现代化是人口规模巨大的现代化，是全体人民共同富裕的现代化，是物质文明和精神文明相协调的现代化，是人与自然和谐共生的现代化，是走和平发展道路的现代化。"由此，我们得出了中国式现代化的五大特征，也是实践要求。这是我国现代化建设必须坚持的方向，要在我国发展的方针政策、战略战术、政策举措、工作部署中得到体现，推动全党全国各族人民共同为之努力。

中国式现代化是人口规模巨大的现代化。第七次全国人口普查数据显示，我国人口超过14.4亿，约占全球总人口的19%。迄今为止，世界上实现现代化的国家和地区不超过30个、总人口不超过10亿。我国实现现代化，意味着比现在所有发达国家和地区人口总和还要多的中国人民进入现代化序列，这是我国乃至人类历史上一件具有里程碑意义的大事。

中国式现代化是全体人民共同富裕的现代化。共同富裕是社会主义的本质要求，是中国式现代化的重要特征。党的十八大以来，党中央把握发展阶段新变化，把逐步实现全体人民共同富裕摆在更加重要的位置上，推动区域协调发展，采取有力措施保障和改善民生，打赢脱贫攻坚战，全面建成小康社会，为促进共同富裕创造了良好条件。现在，已经到了扎实推动共同富裕的历史阶段。

中国式现代化是物质文明和精神文明相协调的现代化。我国的现代化建设，既体现在越来越丰富的物质生活，也体现在丰富多彩的精神文化活动、越来越高的国民素养，是物的现代化与人的现代化的统一。在我国的现代化进程中，物质文明和精神文明犹如车之两轮、鸟之双翼，二者相辅相成、协同共进。

中国式现代化是人与自然和谐共生的现代化。西方发达国家的现代化，大多走过了一条先污染后治理的道路，给民众带来了严重创伤，也让后续发展更为困难。中国吸取他们的教训，不走先污染后治理的老路，而是把发展和保护、利用和修复有机统一起来，既要金山银山也要绿山青山，将绿山青山转化成金山银山，实现人与自然的和谐共生，创造生态环境优美、物质条件优渥、精神生活富足的现代化生活。

中国式现代化是走和平发展道路的现代化。中国共产党是热爱和平的政党，中国是热爱和平的国家，中国人民是热爱和平、真诚善良的人民。中国走和平发展道路，不是外交辞令，不是权宜之计，不是模糊战略，而是思想自信和实践自觉的有机统一。从中华民族薪火相传的文化基因中，从中国过去到现在一脉相承的发展历程中，从中国与西方大国崛起的相互比较中，可以清晰地看出，和平发展是中国共产党的执政轨迹、执政逻辑、执政方向，也是中国的发展轨迹、发展逻辑、发展方向。

5. 全面建成小康社会

2021年7月1日，习近平总书记在庆祝中国共产党成立100周年大会上庄严宣告了在中华大地上全面建成了小康社会。

全面建成小康社会，实现第一个百年奋斗目标，在中国共产党奋斗史、新中国发展史、中华民族文明史上都具有里程碑意义。"民亦劳止，汔可小康。惠此中国，以绥四方。"使用"小康"这个概念来确立中国的发展目标，既符合中国发展实际，也深得人民群众的认同和支持。

1979年，邓小平在会见日本首相大平正芳时首次提出"小康之家"的全新概念后，在领导中国特色社会主义现代化建设的实践中反复论证，逐渐丰富、发展了这一思想，形成了关于小康社会的理论，并在此基础上提出了"三步走"的发展战略。2002年，党的十六大进一步确立了到2020年全面建设小康社会的宏伟目标；2007年，党的十七大提出了全面建设小康社会奋斗目标的新要求，赋予小康社会理论以新的内涵。

党的十八大报告首次正式提出全面建成小康社会。2020年如期全面建成小康社会，无论在中华民族发展史上，还是在世界发展史上、社会主义发展史上，都具有极为重大的意义。回顾几千年的历史，丰衣足食一直是中国老百姓最朴素的追求和愿望。鸦片战争以来，中国人民从救亡图存到推翻三座大山，从改变一穷二白面貌到建设社会主义现代化、不断推进改革开放，一直在为过上幸福美好生活而努力奋斗。全面建成小康社会之日就是全面见证中国奇迹之时，中国人民将在全面解决温饱问题的基础上，过上殷实宽裕的生活。这将是中国历史上亘古未有的伟大跨越，也是中国对人类社会的伟大贡献。

"十三五"时期是全面建成小康社会决胜阶段，我们突出抓重点、补短板、强弱项，坚决打好防范化解重大风险、精准脱贫、污染防治的攻坚战，取得一系列新的重大成就。突如其来的新冠肺炎疫情对我国经济社会发展带来了很大不利影响。在党中央坚强领导下，经过全国人民共同努力，新冠肺炎疫情防控取得重大战略成果，我国经济社会恢复走在全球前列，主要经济指标趋好，社会民生得到有效保障。2020年，我国国内生产总值超过100万亿元，人民生活水平显著提高，现行标准下农村贫困人口全部脱贫，"十三五"规划确定的发展目标任务如期完成，全面建成小康社会目标如期实现。

全面建成小康社会不是终点，而是新生活、新奋斗的起点。我们要在全面建成小康社会的基础上，分两步走到本世纪中叶建成富强民主文明和谐美丽的社会主义现代化强国，以中国式现代化推进中华民族的伟大复兴。

6. 新"四个全面"战略布局

2016年1月29日，习近平总书记在主持十八届中央政治局第三十次集体学习时指出，"四个全面"战略布局，既有战略目标，也有战略举措，每一个"全面"都具有重大战略意义，是我们党在新形势下治国理政的总方略，是事关党和国家长远发展的总战略。

2012年11月，党的十八大提出了在党成立100年时全面建成小康社会的奋斗目标。2013年11月，党的十八届三中全会提出全面深化改革。2014年10月，党的十八届四中全会提出全面推进依法治国。2014年10月，习近平总书记在党的群众路线教育实践活动总结大会上提出全面推进从严治党。

2014年12月，习近平总书记在江苏考察调研时提出："协调推进全面建成小康社会、全面深化改革、全面依法治国、全面从严治党，推动改革开放和社会主义现代化建设迈上新台阶。"首次将"全面建成小康社会、全面深化改革、全面依法治国、全面从严治党"并提。

一、中国式现代化道路

2015年2月，习近平总书记在省部级主要领导干部学习贯彻十八届四中全会精神全面推进依法治国专题研讨班开班式上，最为明确界定了"四个全面"概念。2017年，党的十九大报告将"四个全面"战略布局纳入习近平新时代中国特色社会主义思想。

党的十九届五中全会提出"协调推进全面建设社会主义现代化国家、全面深化改革、全面依法治国、全面从严治党的战略布局"，这是"四个全面"的最新表达。党的十九届六中全会通过的《中共中央关于党的百年奋斗重大成就和历史经验的决议》在阐述习近平新时代中国特色社会主义思想的核心内容"十个明确"中，指出了中国特色社会主义事业战略布局是全面建设社会主义现代化国家、全面深化改革、全面依法治国、全面从严治党四个全面。

"四个全面"战略布局是在全面建成小康社会过程中明确提出来的，但这并不意味着"四个全面"战略布局只限于"全面建成小康社会"这一阶段。就"四个全面"战略布局各方面而言，全面建成小康社会是社会主义现代化建设的一个阶段，是实现"两个一百年"奋斗目标的重要一步。当我们完成"全面建成小康社会"的历史任务，开启全面建设社会主义现代化国家新征程时，党对"四个全面"内容进行调整正当其时，也合乎逻辑。

全面建成小康社会为开启全面建设社会主义现代化国家新征程奠定了坚实基础。特别是"十三五"时期决胜全面建成小康社会取得决定性成就，我国经济实力、科技实力、综合国力跃上新的大台阶，生态环境明显改善，全面深化改革取得重大突破，对外开放持续扩大，人民生活水平显著提高，建成世界上规模最大的社会保障体系，抗击新冠肺炎疫情斗争取得重大战略成果，国防和军队建设水平大幅提升，社会保持和谐稳定。

我国全面建成小康社会，中华民族伟大复兴向前迈出了新的一大步，社会主义中国以更加雄伟的身姿屹立于世界东方。到2035年基本实现社会主义现代化，并为到本世纪中叶把我国建成社会主义现代化强国奠定坚实基础，这一战略安排充分考虑了我国发展的巨大潜力，是实事求是、符合实际的。

在以习近平同志为核心的党中央坚强领导下，充分发挥中国特色社会主义制度的显著优势，我们有信心有能力保持稳中求进、稳中向好的发展态势，努力实现更高质量、更有效率、更加公平、更可持续、更为安全的发展，蹄疾步稳实现党和国家奋斗目标。

7.五年规划

用中长期规划指导经济社会发展，是我们党治国理政的一种重要方式。"五年规划"原称"五年计划"，是国民经济发展规划的一部分，主要是对全国重大建设项目、生产力分布和国民经济等作出规划，为国民经济发展远景规定目标和方向。

通过规划引领发展、化解挑战。制定和实施国民经济和社会发展五年规划（计划），是中国共产党推动发展、实现发展的成功经验。以五年为一个发展阶段，时间长度合适，可以保持政策的稳定和延续，既谋好大事，又办成大事。从1953年实行国民经济第一个五年计划，到现在正实施第十四个五年规划。从20世纪90年代，党把制定五年计划和十年规划结合起来，根据十年或者更长时间经济发展的总趋势和奋斗目标来确定五年计划，使五年计划更具长远性。五年计划制定过程中，深入调查研究，广泛征求意见，反复协商，形成共识。为实现国家规划的落实，建立以国家发展规划为统领的规划体系，把全国总目标按照不同层级、不同类别分解成为若干子目标，使全国形成一盘棋。通过制定规划引领发展，已经从经济社会领域扩展到国家治理的其他领域。具有前瞻性的发展规划和可行性的具体举措相结合，既避免了"只讲长远目标"而"缺乏具体行动"的空谈，也避免了"只顾低头拉车"而"忘了抬头看路"的短视，对于党的事业长期稳定发展发挥了重要作用。

从1953年开始，我国已经编制实施了14个五年规划（计划），其中改革开放以来编制实施8个，有力推动了经济社会发展、综合国力提升、人民生活改善，创造了世所罕见的经济快速发展奇迹和社会长期稳定奇迹。实践证明，中长期发展规划既能充分发挥市场在资源配置中的决定性作用，又能更好发挥政府作用。

我国的五年规划（计划）是从苏联学来的。1949年，刘少奇率团访问苏联，在向苏联学习党和国家建设经验的清单中，就有一条"苏联经济的计划与管理"。1952年，周恩来率团出访苏联，主要任务是就五年计划轮廓草案同苏方交换意见，争取苏联政府的援助。1952年11月，中共中央作出《关于成立国家计划委员会及干部配备方案的决定》，决定在中央人民政府领导下建立国家计划委员会，以加强对国家建设的集中领导，并负责编制五年计划。"一五"计划的编制工作在1951年启动，从1953年起边实施边讨论边修改，到1955年7月，经一届全国人大二次会议正式通过，历时四年编制完成。

此后，编制并按五年规划（计划）进行经济建设，就成为一个惯例。

在改革开放前，五年计划是计划经济的主要载体，计划经济的利弊在五年计划中反映出来。改革开放后，我国逐步实行社会主义市场经济，但五年规划（计划）作为国家宏观调控的一个基本手段，一直坚持下来，其内容和形式也进行了多次改革。改革开放前，第一个五年计划执行最为成功。随后的几个五年计划都遭遇波折，有的反复修改调整，有的没有完成。改革开放后，五年规划（计划）执行情况都比较良好。通过五年规划（计划），一步步把改革开放和现代化建设推向前进。

1980—1985年的"六五"计划，第一次将"国民经济计划"改成"国家经济和社会发展计划"。2006—2010年的"十一五"规划，第一次将"五年计划"改成"五年规划"。从1953年到2021年，中国已制定了十四个五年规划（计划），对国家经济、社会、文化、环境等方面发展作出安排。

五年规划（计划）与国民经济的发展紧密结合，在中国经济发展的不同历史阶段体现出了鲜明的阶段性特征。2016年，诺贝尔经济学奖得主迈克尔·斯彭斯在中国"两会"召开前夕接受新华社记者电邮采访时说，坚持制定五年规划（计划）让中国受益匪浅，这一经验值得西方学习。五年规划（计划）延续至今，在我国建设和改革中发挥了巨大作用，并将继续发挥重要作用。

8. "十四五"规划和2035年远景目标

"十四五"时期是我国在全面建成小康社会、实现第一个百年奋斗目标之后，乘势而上开启全面建设社会主义现代化国家新征程、向第二个百年奋斗目标进军的第一个五年。

2020年10月26日至29日，中国共产党第十九届中央委员会第五次全体会议在北京举行。全会审议通过了《中共中央关于制定国民经济和社会发展第十四个五年规划和二〇三五年远景目标的建议》

（本词条内以下简称《建议》）。在"两个一百年"历史交汇点上，党的十九届五中全会重点研究"十四五"规划问题并提出建议，将"十四五"规划与2035年远景目标统筹考虑，对动员和激励全党全国各族人民，战胜前进道路上各种风险挑战，为全面建设社会主义现代化国家开好局、起好步，具有十分重要的意义。

《建议》由15个部分构成，分为三大板块。第一板块为总论，包括第一、第二两个部分，主要阐述决胜全面建成小康社会取得决定性成就、我国发展环境面临深刻复杂变化、到2035年基本实现社会主义现代化远景目标、"十四五"时期经济社会发展指导思想、必须遵循的原则和主要目标。第二板块为分论，总体上按照新发展理念的内涵来组织，分领域阐述"十四五"时期经济社会发展和改革开放的重点任务，安排了12个部分，明确了从科技创新、产业发展、国内市场、深化改革、乡村振兴、区域发展，到文化建设、绿色发展、对外开放、社会建设、安全发展、国防建设等重点领域的思路和重点工作，作出工作部署。第三板块为结尾，包括第十五部分和结束语，主要阐述加强党中央集中统一领导、推进社会主义政治建设、健全规划制定和落实机制等内容。

到2035年基本实现社会主义现代化，是我国全面建成小康社会、实现第一个百年奋斗目标之后，向第二个百年奋斗目标进军的关键一步，是"十四五"以至未来15年引领我国发展的总目标，具有十分重要和深远的战略意义。

党的十九大对实现第二个百年奋斗目标作出分两个阶段推进的战略安排，即到2035年基本实现社会主义现代化，到本世纪中叶把我国建成富强民主文明和谐美丽的社会主义现代化强国。展望2035年，我国经济实力、科技实力、综合国力将大幅跃升，经济总量和城乡居民人均收入将再迈上新的大台阶，关键核心技术实现重大突破，进入创新型国家前列；基本实现新型工业化、信息化、城镇化、农业现代化，建成现代化经济体系；基本实现国家治理体系和治理能力现代化，人民平等参与、平等发展权利得到充分保障，基本建成法治国家、法治政府、法治社会；建成文化强国、教育强国、人才强国、体育强国、健康中国，国民素质和社会文明程度达到新高度，国家文化软实力显著增强；广泛形成绿色生产生活方式，碳排放达峰后稳中有降，生态环境根本好转，美丽中国建设目标基本实现；形成对外开放新格局，参与国际经济合作和竞争新优势明显增强；人均国内生产总值达到中等发达国家水平，中等收入群体显著扩大，基本公共服务实现均等化，城乡区域发展差距和居民生活水平差距显著缩小；平安中国建设达到更高水平，基本实现国防和军队现代化；人民生活更加美好，人的全面发展、全体人民共同富裕取得更为明显的实质性进展。

锚定2035年远景目标，综合考虑国内外发展趋势和我国发展条件，坚持目标导向和问题导向相结合，坚持守正和创新相统一，《建议》明确了"十四五"时期经济社会发展主要目标：经济发展取得新成效，改革开放迈出新步伐，社会文明程度得到新提高，生态文明建设实现新进步，民生福祉达到新水平，国家治理效能得到新提升。

9. 中共中央关于党的百年奋斗重大成就和历史经验的决议

2021年11月8日至11日，中国共产党第十九届中央委员会第六次全体会议在北京举行。全会听取和讨论了习近平总书记受中央政治局委托作的工作报告，审议通过了《中共中央关于党的百年奋斗重大成就和历史经验的决议》（本词条内以下简称《决议》），审议通过了

《关于召开党的第二十次全国代表大会的决议》。习近平总书记就《决议（讨论稿）》向全会作了说明。

在我们党的百年历程中，1945年党的六届七中全会制定了《关于若干历史问题的决议》，1981年党的十一届六中全会制定了《关于建国以来党的若干历史问题的决议》。两个历史决议产生的历史条件、时代背景、所要解决的问题有所不同，但都是在重大历史关头作出的，都对推动党和人民事业发展起到了重要作用。2021年，距离第一个历史决议制定已经过去76年，距离第二个历史决议制定也过去了40年。40年来，党和国家事业大大向前发展了，党的理论和实践也大大向前发展了。站在新的历史起点上，回顾过去、展望未来，对党的百年奋斗历程特别是改革开放40多年的奋斗历程进行全面系统的总结，既有客观需要，也具备主观条件。

3.6万多字的《决议》除序言之外，共有7个部分，分别是：夺取新民主主义革命伟大胜利、完成社会主义革命和推进社会主义建设、进行改革开放和社会主义现代化建设、开创中国特色社会主义新时代、中国共产党百年奋斗的历史意义、中国共产党百年奋斗的历史经验、新时代的中国共产党。

《决议》在内容上有两个特点：第一个特点是，与前两个历史决议主要总结党的历史教训、分清历史是非不同，这次主要总结党的百年奋斗重大成就和历史经验。从建党到改革开放之初，党的历史上的重大是非问题，前两个历史决议基本都解决了，其基本论述和结论至今仍然是适用的。改革开放以来，尽管党的工作中也出现过一些问题，但总体上党和国家事业发展是顺利的，前进方向是正确的，取得的成就是举世瞩目的。《决议》把着力点放在总结党的百年奋斗重大成就和历史经验上，符合实际，有利于推动全党增长智慧、增进团结、增加信心、增强斗志。主要突出中国特色社会主义新时代这个重点，重点总结新时代党和国家事业取得的历史性成就、发生的历史性变革和积累的新鲜经验。第二个特点是，党的十一届三中全会召开二十周年、三十周年、四十周年也都作过了系统总结。基于此，这次《决议》突出中国特色社会主义新时代这个重点，用较大篇幅总结党的十八大以来的原创性思想、变革性实践、突破性进展、标志性成果。这有利于引导全党全国各族人民进一步坚定信心、聚焦我们正在做的事情，以更加昂扬的姿态迈进新征程、建功新时代。

对习近平新时代中国特色社会主义思想的概括和阐述，是全会《决议》的一个突出亮点，也是一个重大贡献。《决议》指出："习近平同志对关系新时代党和国家事业发展的一系列重大理论和实践问题进行了深邃思考和科学判断，就新时代坚持和发展什么样的中国特色社会主义、怎样坚持和发展中国特色社会主义，建设什么样的社会主义现代化强国、怎样建设社会主义现代化强国，建设什么样的长期执政的马克思主义政党、怎样建设长期执政的马克思主义政党等重大时代课题，提出一系列原创性的治国理政新理念新思想新战略，是习近平新时代中国特色社会主义思想的主要创立者。"

《决议》回顾党走过的百年奋斗历程，总结党的百年奋斗重大成就和历史经验，着重阐释党的十八大以来党和国家事业取得的历史性成就、发生的历史性变革，对实现第二个百年奋斗目标提出明确要求，是一篇马克思主义的纲领性文献。这次全会《决议》同党作出的前两个历史决议一样，必将对推动全党统一思想、统一意志、统一行动，团结带领全国各族人民以史为鉴、开创未来、埋头苦干、勇毅前行，在新时代更好坚持和发展中国特色社会主义、实现中华民族伟大复兴产生重大而深远的影响。

10. 拓展了发展中国家走向现代化的途径

2021年11月11日，习近平总书记在党的十九届六中全会第二次全体会议上发表重要讲话。该讲话以《以史为鉴、开创未来 埋头苦干、勇毅前行》为题刊发在《求是》2022年第1期。习近平总书记在讲话中指出："我们党领导人民不仅创造了世所罕见的经济快速发展和社会长期稳定两大奇迹，而且成功走出了中国式现代化道路，创造了人类文明新形态。这些前无古人的创举，破解了人类社会发展的诸多难题，摒弃了西方以资本为中心的现代化、两极分化的现代化、物质主义膨胀的现代化、对外扩张掠夺的现代化老路，拓展了发展中国家走向现代化的途径，为人类对更好社会制度的探索提供了中国方案。"

我们党治国理政的新实践和新经验具有世界意义，提出的"五位一体"总体布局、"四个全面"战略布局、新发展理念、和平发展和合作共赢原则、"一带一路"建设、构建人类命运共同体等一系列重大理念和政策主张，引起全世界关注热议、赞同认同，拓展了发展中国家走向现代化的途径，给世界上那些既希望加快发展又希望保持自身独立性的国家和民族提供了全新选择。

中国式现代化是对国外现代化模式的扬弃。在社会主义现代化建设进程中，党领导人民推动物质文明、政治文明、精神文明、社会文明、生态文明协调发展，创造了中国式现代化道路，创造了人类文明新形态。一个和平发展的世界应该承载不同形态的文明，必须兼容走向现代化的多样道路。中国共产党坚持一切从实际出发，带领中国人民探索出中国特色社会主义道路。历史和实践已经并将进一步证明，这条道路，不仅走得对、走得通，而且也一定能够走得稳、走得好。我们将坚定不移沿着这条光明大道走下去，既发展自身又造福世界。

现代化道路并没有固定模式，适合自己的才是最好的，不能削足适履。每个国家自主探索符合本国国情的现代化道路的努力都应该受到尊重。

"接力赛"超越"拳击赛"。集中统一领导的政治优势，使得党可以根据长远战略制定阶段性目标，有效协调整体利益和局部利益、长远利益和眼前利益，团结各方为了实现共同目标一起努力，国家的法律、政策也得以稳定连贯实施。在不同历史时期制定并实现阶段性目标，使中国几十年如一日地向前发展迈进，使社会主义现代化的目标一步步成为现实。相比于中国的"接力赛"，西方国家开展的是"拳击赛"，我们的优势日益凸显。我们有以习近平同志为核心的党中央的坚强领导，我们有共产主义远大理想和社会主义共同理想，我们有一脉相承而又与时俱进的指导思想，我们有长远发展战略、中期发展规划、近期发展策略。我们接力奋进在中国特色社会主义大道上，干劲十足，前途光明。

然而，总是有一些别有用心的人诋毁我们的道路、理论、制度、文化，认为西方的民主才是真正的民主，是人类社会发展最好的制度。事实胜于雄辩，在现实面前，西方的民主制度并没有显示出多大的优越性，负面性倒是逐渐暴露出来，"中国之治"与"西方之乱"形成鲜明对比。西方的政党为各自服务的资本和利益集团代言，为它们争取权益，越来越多地陷入相互争吵、诋毁甚至攻击的状态。它们大多没有一以贯之的指导思想，没有长远的规划，政策稳定性、延续性、发展性差。一个政党上台后，往往另起炉灶，废除另一个政党的政策。每个政党从自身利益出发，忽视关系大多数民众的福祉问题，很多事情视而不见、见而不议、议而不决、决而不行。如此，造成大量时间、精力和资源的闲置和浪费。这种"拳击赛"式的政党民主，使西方国家陷入政党治理的危机，伴随着政党治理的危机，国家治理和全球治理也出现危机。

中国共产党愿同各国政党交流互鉴现代化建设经验，共同丰富走向现代化的路径，更好为本国人民和世界各国人民谋幸福。

二

中国式现代化的指导思想与领导力量

习近平新时代中国特色社会主义思想是当代中国马克思主义、二十一世纪马克思主义，是中华文化和中国精神的时代精华，实现了马克思主义中国化新的飞跃。党确立习近平同志党中央的核心、全党的核心地位，确立习近平新时代中国特色社会主义思想的指导地位，反映了全党全军全国各族人民共同心愿，对新时代党和国家事业发展、对推进中华民族伟大复兴历史进程具有决定性意义。

——《中共中央关于党的百年奋斗重大成就和历史经验的决议》（2021年11月11日中国共产党第十九届中央委员会第六次全体会议通过）

11. 归根到底是因为马克思主义行

马克思主义是我们立党立国的根本指导思想，是我们党的灵魂和旗帜。一百年来，为了实现中华民族伟大复兴，中国共产党团结带领中国人民进行的一切奋斗、一切牺牲、一切创造，都是在马克思主义指导下的伟大实践。中国共产党坚持马克思主义基本原理，坚持实事求是，从中国实际出发，洞察时代大势，把握历史主动，进行艰辛探索，不断推进马克思主义中国化时代化，指导中国人民不断推进伟大社会革命，成功走出中国式现代化道路，创造了人类文明新形态，拓展了发展中国家走向现代化的途径。2021年7月1日，习近平总书记在庆祝中国共产党成立100周年大会上的讲话中指出："中国共产党为什么能，中国特色社会主义为什么好，归根到底是因为马克思主义行！"

马克思主义是认识世界、改造世界的科学真理，揭示了自然界、人类社会、人类思维发展的普遍规律，为人类社会发展进步指明了方向，极大推进了人类文明进程。马克思主义是人民的理论，第一次创立了人民实现自身解放的思想体系。马克思主义是实践的理论，指引着人民改造世界的行动。马克思主义是不断发展的开放的理论，始终站在时代前沿。马克思是近代以来最伟大的思想家，被公认为"千年第一思想家"。以他名字命名的科学理论——马克思主义，犹如壮丽的日出，照亮了人类探索历史规律和寻求自身解放的道路，极大推进了人类文明进程。在人类思想史上，没有一种思想理论像马克思主义那样对人类产生如此广泛而深刻的影响，不仅深刻改变了世界，也深刻改变了中国。

1840年鸦片战争以后，由于西方列强入侵和封建统治腐败，中国逐步成为半殖民地半封建社会，国家蒙辱、人民蒙难、文明蒙尘，中华民族遭受了前所未有的劫难。为了拯救民族危亡，中国人民奋起反抗，仁人志士奔走呐喊，进行了可歌可泣的斗争。太平天国运动、戊戌变法、义和团运动、辛亥革命接连而起，但农民起义、君主立宪、资产阶级共和制等种种救国方案都相继失败了。中国迫切需要新的思想引领救亡运动，迫切需要新的组织凝聚革命力量。十月革命一声炮响，为中国送来了马克思列宁主义，给苦苦探寻救亡图存出路的中国人民指明了前进方向、提供了全新选择。

在中国人民和中华民族的伟大觉醒中，在马克思列宁主义同中国工人运动的紧密结合中，1921年7月中国共产党应运而生。中国共产党的成立，是近代中国历史发展的必然产物，是中国人民在救亡图存斗争中顽强求索的必然产物，是实现中华民族伟大复兴的必然产物。中国共产党作为中国最先进的阶级——工人阶级的政党，不仅代表着工人阶级的利益，而且代表着整个中国人民和中华民族的利益。它从一开始就坚持以马克思主义为行动指南，始终把为中国人民谋幸福、为中华民族谋复兴作为初心和使命。

中国共产党诞生后，中国共产党人把马克思主义基本原理同中国革命和建设的具体实际结合起来，团结带领人民经过长期奋斗，完成新民主主义革命和社会主义革命，建立起中华人民共和国和社会主义基本制度，进行了社会主义建设的艰辛探索，实现了中华民族从东亚病夫到站起来的伟大飞跃。

改革开放以来，中国共产党人把马克思主义基本原理同中国改革开放的具体实际结合起来，团结带领人民进行建设中国特色社会主义新的伟大实践，使中国大踏步赶上了时代，实现了中华民族从站起来到富起来的伟大飞跃。

在新时代，中国共产党人把马克思主义基本原理同中国具体实际相结合、同中华优秀传统文化相结合，团结带领人民进行伟大斗争、建设伟大工程、推进伟大事业、实现伟大梦想，推动党和国家事业取得全方位、开创性历史成就，发生深层次、根本性历史变革，中华民族迎来了从富起来到强起来的伟大飞跃。

中国共产党的历史，就是一部不断推进马克思主义中国化的历史。党的十九届六中全会审议通过的《中共中央关于党的百年奋斗重大成就和历史经验的决议》，从五个方面总结了党的百年奋斗历史意义，其中一条就是"党的百年奋斗展示了马克思主义的强大生命力"。一百年来，马克思主义的科学性和真理性在中国得到充分检验，马克思主义的人民性和实践性在中国得到充分贯彻，马克思主义的开放性和时代性在中国得到充分彰显。可以说，马克思主义深刻改变了中国，中国也极大丰富了马克思主义。

12. 马克思主义中国化成果

在百年奋斗历程中，我们党不断推进马克思主义基本原理同中国具体实际相结合、同中华优秀传统文化相结合，推动马克思主义中国化不断取得新的重大成果，创立了毛泽东思想、邓小平理论，形成了"三个代表"重要思想、科学发展观，创立了习近平新时代中国特色社会主义思想，指导中国革命、建设、改革事业不断取得新的伟大胜利。党的十九届六中全会审议通过的《中共中央关于党的百年奋斗重大成就和历史经验的决议》指出："党之所以能够领导人民在一次次求索、一次次挫折、一次次开拓中完成中国其他各种政治力量不可能完成的艰巨任务，根本在于坚持解放思想、实事求是、与时俱进、求真务实，坚持把马克思主义基本原理同中国具体实际相结合、同中华优秀传统文化相结合，坚持实践是检验真理的唯一标准，坚持一切从实际出发，及时回答时代之问、人民之问，不断推进马克思主义中国化时代化。"

《中共中央关于党的百年奋斗重大成就和历史经验的决议》，对马克思主义中国化成果作出了系统权威的最新论述。

新民主主义革命时期，以毛泽东同志为主要代表的中国共产党人，把马克思列宁主义基本原理同中国具体实际相结合，对经过艰苦探索、付出巨大牺牲积累的一系列独创性经验作了理论概括，开辟了农村包围城市、武装夺取政权的正确革命道路，创立了毛泽东思想，为夺取新民主主义革命胜利指明了正确方向。

社会主义革命和建设时期，毛泽东提出把马克思列宁主义基本原理同中国具体实际进行"第二次结合"，以毛泽东同志为主要代表的中国共产党人，结合新的实际丰富和发展毛泽东思想，提出关于社会主义建设的一系列重要思想，包括社会主义社会是一个很长的历史阶段，严格区分和正确处理敌我矛盾和人民内部矛盾，正确处理我国社会主义建设的十大关系，走出一条适合我国国情的工业化道路，尊重价值规律，在党与民主党派的关系上实行"长期共存、互相监督"的方针，在科学文化工作中实行"百花齐放、百家争鸣"的方针等。毛泽东思想是马克思列宁主义在中国的创造性运用和发展，是被实践证明了的关于中国革命和建设的正确的理论原则和经验总结，是马克思主义中国化的第一次历史性飞跃。

改革开放和社会主义现代化建设新时期，党的十一届三中全会以后，以邓小平同志为主要代表的中国共产党人，深刻总结新中国成立以来正反两方面经验，围绕什么是社会主义、怎样建设社会主义这一根本问题，借鉴世界社会主义历史经验，创立了邓小平理论，成功开创了中国特色社会主义。党的十三届四中全会以后，以江泽民同志为主要代表的中国共产党人，加深了对什么是社会主义、怎样建设社会主义和建设什么样的党、怎样建设党的认识，形成了"三个代表"重要思想，成功把中国特色社会主义推向二十一世纪。党的十六大以后，以胡锦涛同志为主要代表的中国共产党人，深刻认识和回答了新形势下实现什么样的发展、怎样发展等重大问题，形成了科学发展观，成功在新形势下坚持和发展了中国特色社会主义。在这个时期，党领导和支持开展真理标准问题大讨论，从新的实践和时代特征出发坚持和发展马克思主义，科学回答了建设中国特色社会主义的发展道路、发展阶段、根本任务、发展动力、发展战略、政治保证、祖国统一、外交和国际战略、领导力量和依靠力量等一系列基本问题，形成中国特色社会主义理论体系，实现了马克思主义中国化新的飞跃。

党的十八大以来，以习近平同志为主要代表的中国共产党人，坚持把马克思主义基本原理同中国具体实际相结合、同中华优秀传统文化相结合，坚持毛泽东思想、邓小平理论、"三个代表"重要思想、科学发展观，深刻总结并充分运用党成立以来的历史经验，从新的实际出发，创立了习近平新时代中国特色社会主义思想。习近平新时代中国特色社会主义思想是当代中国马克思主义、二十一世纪马克思主义，是中华文化和中国精神的时代精华，实现了马克思主义中国化新的飞跃。

理论的生命力在于不断创新，推动马克思主义不断发展是中国共产党人的神圣职责。马克思主义之所以行，就在于党不断推进马克思主义中国化时代化并用以指导实践。马克思主义能不能在实践中发挥作用，关键在于能否把马克思主义基本原理同中国实际和时代特征结合起来。要有理论创新的勇气，科学回答中国之问、世界之问、人民之问、时代之问，使党和国家事业继续前进，让马克思主义充满生命力、说服力，续写马克思主义中国化时代化新篇章。

13."两个确立"的决定性意义

党的十九届六中全会审议通过的《中共中央关于党的百年奋斗重大成就和历史经验的决议》指出："党确立习近平同志党中央的核心、全党的核心地位，确立习近平新时代中国特色社会主义思想的指导地位，反映了全党全军全国各族人民共同心愿，对新时代党和国家事业发展、对推进中华民族伟大复兴历史进程具有决定性意义。"党的十八大以来，习近平总书记以马克思主义政治家、战略家的胆略，谋划国内外大局，推进改革发展稳定、内政外交国防、治党治国治军工作，领导全党全国各族人民抓住机遇、攻坚克难，解决了许多长期想解决而没有解决的难题，办成了许多过去想办而没有办成的大事。党和国家事业取得历史性成就、发生历史性变革，最根本的原因在于有习近平总书记作为党中央的核心、全党的核心掌舵领航，在于有习近平新时代中国特色社会主义思想科学指引。

一个国家、一个政党，领导核心至关重要。邓小平曾深刻指出："任何一个领导集体都要有一个核心，没有核心的领导是靠不住的。"在我们这样一个有着9500多万名党员的大党、56个民族和14亿多人口的大国，如果党中央没有核心、全党没有核心，那是不可想象的，是很容易搞散的，是什么事情也办不成的。党中央有核心、全党有核心，党才有力量。确立习近平同志党中央的核心、全党的核心地位，是时代呼唤、历史选择、民心所向。坚定拥护和维护习近平总书记的核心地位，全党就有定盘星，全国人民就有主心骨，中华"复兴"号巨轮就有掌舵者，面对惊涛骇浪我们就能够做到"任凭风浪起、稳坐钓鱼船"。

2016年召开的党的十八届六中全会，首次明确了习近平总书记在党中央和全党的核心地位，正式提出以习近平同志为核心的党中央这一重大概念。这是中国共产党历史上的又一次郑重选择。在迎来中国共产党百年华诞、实现"两个一百年"奋斗目标历史交汇点的2021年，党的十九届六中全会全面总结党的百年奋斗的重大成就和历史经验，把"两个确立"写入《中共中央关于党的百年奋斗重大成就和历史经验的决议》，成为党的历史发展中永载史册的重大政治论断。

坚强的领导核心和科学的理论指导，是关乎党和国家前途命运、党和人民事业成败的根本性问题。

习近平总书记对关系新时代党和国家事业发展的一系列重大理论和实践问题进行了深邃思考和科学判断，就新时代坚持和发展什么样的中国特色社会主义、怎样坚持和发展中国特色社会主义，建设什么样的社会主义现代化强国、怎样建设社会主义现代化强国，建设什么样的长期执政的马克思主义政党、怎样建设长期执政的马克思主义政党等重大时代课题，提出一系列原创性的治国理政新理念新思想新战略，是习近平新时代中国特色社会主义思想的主要创立者。

拥有科学理论的政党，才拥有真理的力量；科学理论指导的事业，才拥有光明前途。习近平总书记洞察时代风云、把握时代脉搏、引领时代潮流，以非凡理论勇气提出一系列原创性战略思想和创新理念，创立了习近平新时代中国特色社会主义思想。这一重要思想，是当代中国马克思主义、二十一世纪马克思主义，是中华文化和中国精神的时代精华，为推进民族复兴伟业提供了科学行动指南。确立习近平新时代中国特色社会主义思想的指导地位，我们党就能在中华民族伟大复兴战略全局和世界百年未有之大变局深度演进互动的复杂条件下，坚持正确前进方向，乘风破浪不迷航；就能始终把握发展规律，运用科学世界观和方法论谋划事业发展、应对风险挑战，带领全国各族人民不断开辟中华民族伟大复兴的光明前景。

14. 坚决做到"两个维护"

毛泽东曾形象地说："一个桃子剖开来有几个核心吗？不，只有一个核心。"邓小平说过："任何一个领导集体都要有一个核心，没有核心的领导是靠不住的。"确立和巩固领导集体和领导核心，是党的政治建设成熟的重要标志。确立和维护党的领导集体和领导核心，是中国共产党的优良历史传统和独特政治优势。一百年来，我们党之所以能团结带领人民接续奋斗，取得革命、建设、改革的伟大成就，党和国家事业之所以能克服重重困难和挑战，而长久地立于不败之地，最重要的原因，就在于这一优良历史传统和独特政治优势的发挥。坚决维护习近平总书记党中央的核心、全党的核心地位，坚决维护党中央权威和集中统一领导，这是当前加强党的政治建设的首要任务。"两个维护"是我们党在历史发展中形成的共识，关乎党的事业成败、关系党的前途命运。

党的十八大以来，以习近平同志为核心的党中央强调必须旗帜鲜明讲政治，要求全体党员牢固树立政治意识、大局意识、核心意识、看齐意识，坚决维护党中央权威，始终在思想上政治上行动上同党中央保持高度一致，有力促进了全党进一步统一思想、统一意志、统一行动，有效提高了全党的凝聚力和战斗力。2019年1月31日出台的《中共中央关于加强党的政治建设的意见》，全面体现了"两个维护"的根本要求。在加强党的政治建设要求上，提出"坚决维护习近平总书记党中央的核心、全党的核心地位，坚决维护党中央权威和集中统一领导"；在"坚持党的政治领导"部分中，进一步强调领导集体和领导核心的重要性："坚持和加强党的全面领导，最重要的是坚决维护党中央权威和集中统一领导；坚决维护党中央权威和集中统一领导，最关键的是坚决维护习近平总书记党中央的核心、全党的核心地位"。也就是说，"两个维护"是新时代确立和巩固领导集体和领导核心的重要体现，也是坚持和完善党的全面领导的关键，更是加强党的政治建设的首要任务。"两个维护"是我们党在新时代取得的宝贵政治经验和重要政治建设成果，体现了我们党在新的历史条件下，进行革命性锻造中形成的普遍共识和共同意志。

党员干部要从历史和现实、理论和实践、国内和国际的结合上深刻认识、强化认同，不断增强拥护核心、跟随核心、捍卫核心的思想自觉政治自觉行动自觉，始终同以习近平同志为核心的党中央保持高度一致，做到党中央提倡的坚决响应、党中央决定的坚决执行、党中央禁止的坚决不做。要以党章为根本依据，不断完善保障"两个维护"的制度机制，严格执行《关于新形势下党内政治生活的若干准则》《中国共产党重大事项请示报告条例》《中共中央政治局关于加强和维护党中央集中统一领导的若干规定》等党内法规，加强对贯彻执行党的路线方针政策和决议情况的督促检查，完善党中央重大决策部署和贯彻落实习近平总书记重要指示批示。要以正确的认识、正确的行动坚决做到"两个维护"，坚决防止和纠正偏离"两个维护"的错误言行，不得搞任何形式的"低级红""高级黑"，决不允许对党中央阳奉阴违做两面人、搞两面派、搞"伪忠诚"。

15.党是风雨来袭时中国人民最可靠的主心骨

2021年对中国来说是具有历史性意义的一年,我们迎来了中国共产党成立100周年。站在建党百年的历史节点上,我们回顾历史、正视当下、面向未来,会愈加深刻地体会到,中国共产党是风雨来袭时中国人民最可靠的主心骨。

在近代中国历史舞台上,为了求得民族独立和人民解放,实现国家富强和人民幸福,各种政治力量轮番登场,各种主义思潮纷纷亮相。只有中国共产党带领人民走出了民族危机,让中国屹立在世界东方。1911年,孙中山领导的辛亥革命,推翻了统治中国几千年的君主专制制度。将封建专制扫进历史的垃圾堆后,中国该往何处去?中国人苦苦寻找适合中国国情的道路。君主立宪制、复辟帝制、议会制、多党制、总统制都想过了、试过了,"把吴钩看了,栏杆拍遍",诸路皆走不通。危急存亡之秋,十月革命一声炮响,为中国送来了马克思列宁主义。历史和人民选择了中国共产党,选择了社会主义道路。历史雄辩地告诉我们,中国有了中国共产党执政,是中国、中国人民、中华民族的一大幸事。

2020年9月8日,习近平总书记在全国抗击新冠肺炎疫情表彰大会上的讲话中指出:"抗疫斗争伟大实践再次证明,中国共产党所具有的无比坚强的领导力,是风雨来袭时中国人民最可靠的主心骨。"在这场严峻斗争中,党旗在防控疫情斗争第一线高高飘扬。各级党组织和广大党员干部冲锋在前、顽强拼搏,460多万个基层党组织冲锋陷阵,2.5万多名优秀分子在火线上宣誓入党,充分发挥了战斗堡垒作用和先锋模范作用。在解放军三支援鄂医疗队的450名队员中，共产党员比例达到60%以上。共产党员就是这样，不是催着别人"给我上"，而是冲锋在前"跟我上"，积极去承担最危险、最重、最累的任务。战争年代，共产党员在炮火中冲在前面做先锋，带领人民赢得革命的胜利。建设时期，共产党员苦干实干当模范，助推国民经济大发展。危难关头，共产党员挺身而出挽狂澜，守护人民的安全与健康。共产党员永远是攻坚克难的中流砥柱，是大山一般的厚实依靠。

此次新冠肺炎疫情战役只是一个缩影，在人民生命安全受到威胁时，共产党员总是冲在最前面。1976年，唐山发生7.8级强烈地震，造成24万人遇难、16万人重伤，百年工业城市瞬间被夷为平地。这是新中国成立以来全国最大的一次灾难，给唐山人民生命财产造成巨大损失。今天的唐山，是在当年大地震废墟上崛起的一座现代化新兴城市。从汶川特大地震到青海玉树地震、甘肃舟曲特大泥石流等突发灾难，从非典到新冠肺炎，救灾、救治、重建等工作都及时、高效、有序地开展，一次次展现了中国共产党强大的社会动员能力、组织协调能力，一次次彰显了中国特色社会主义制度全面协同、高效有序的特性。

百年风雨兼程，百年砥砺初心。一百年来，政治、经济、文化、军事、社会、国际、自然等领域的挑战不断涌现。在泰山压顶的危难时刻，党中央高瞻远瞩、审时度势，带领全党全军全国各族人民迎难而上、攻坚克难，在这极不寻常的年份创造了极不寻常的辉煌。有党中央的坚强领导，有全党全军全国各族人民的团结奋斗，我们无畏无惧，从容应对各种复杂局面和风险挑战，并战而胜之。

16. 党中央是坐镇中军帐的"帅"

党的十九届六中全会通过的《中共中央关于党的百年奋斗重大成就和历史经验的决议》鲜明提出:"中国共产党是领导我们事业的核心力量。中国人民和中华民族之所以能够扭转近代以后的历史命运、取得今天的伟大成就,最根本的是有中国共产党的坚强领导。"中国特色社会主义最本质的特征是中国共产党领导,中国特色社会主义制度的最大优势是中国共产党领导。中国特色社会主义有很多特点和特征,但最本质的特征是中国共产党领导,中国的事情要办好首先中国共产党的事情要办好。党的领导是全面的、系统的、整体的,保证党的团结统一是党的生命;党中央集中统一领导是党的领导的最高原则,加强和维护党中央集中统一领导是全党共同的政治责任,坚持党的领导首先要旗帜鲜明讲政治,保证全党服从中央。

2015年2月2日,习近平总书记在省部级主要领导干部学习贯彻党的十八届四中全会精神全面推进依法治国专题研讨班上的讲话中提出了形象的"月"喻和"帅"喻:我国社会主义政治制度优越性的一个突出特点是党总揽全局、协调各方的领导核心作用,形象地说是"众星捧月",这个"月"就是中国共产党。在国家治理体系的大棋局中,党中央是坐镇中军帐的"帅",车马炮各展其长,一盘棋大局分明。

党的百年奋斗史充分证明,什么时候全党坚定维护党的核心和党中央权威,党的领导就会加强,党的事业就不断取得胜利;反之,党的领导就会弱化,党的事业就会遭受挫折。我们党从诞生之日起就是一个按照民主集中制原则组织起来的统一整体。1935年1月召开的遵义会议,事实上确立了毛泽东同志在党中央和红军的领导地位,开始形成以毛泽东同志为核心的党的第一代中央领导集体,在最危急关头挽救了党、挽救了红军、挽救了中国革命。但是,全党真正深刻认识到维护党的核心和党中央权威的重大意义并成为自觉行动,还经历了一个过程。长征途中,张国焘挟兵自重、另立中央,全面抗战初期王明不听党中央指挥、在党内拉帮结派,都给中国革命造成了损失。有鉴于此,党提出了"四个服从",强调最根本的是全党服从中央,先后制定关于中央委员会工作规则与纪律的决定、关于各级党部工作规则与纪律的决定、关于增强党性的决定、关于建立报告制度的指示、关于健全党委制的决定等,从制度上加强党中央的集中统一领导。

列宁指出:"党的中央机关成为拥有广泛的权力、得到党员普遍信任的权威性机构,只有这样,党才能履行自己的职责。"2021年2月20日,习近平总书记在党史学习教育动员大会上的讲话中指出:"保证全党服从中央,维护党中央权威和集中统一领导,是党的政治建设的首要任务,必须常抓不懈。"在党的组织制度中,党的全国代表大会和它所产生的中央委员会是党的最高领导机关,中央委员会、中央政治局、中央政治局常务委员会是党的组织体系的大脑和中枢。

党政军民学,东西南北中,党是领导一切的,是最高的政治领导力量。在中国特色社会主义制度体系中,中国共产党的领导是载入宪法的,党的领导制度是我国的根本领导制度、居于统领地位。在国家治理体系的大棋局中,党中央是坐镇中军帐的"帅"。党中央重大决策部署,是全党全军全国各族人民统一思想、统一意志、统一行动的依据。按照《中国共产党中央委员会工作条例》的规定,党中央的领导地位和权威体现在:全面领导改革发展稳定、内政外交国防、治党治国治军等各领域各方面工作,对党和国家事业发展重大工作实行集中统一领导;各级人大、政府、政协、监察机关、审判机关、检察机关，武装力量，各民主党派和无党派人士，人民团体，企事业单位，基层群众性自治组织，社会组织等，都必须自觉接受党中央领导；全党各个组织和全体党员必须自觉服从党中央，向党中央看齐，坚决维护党中央权威和集中统一领导。党中央发挥"举旗定向、掌舵领航"的作用，体现为"三个引领"：加强政治引领，坚定不移走中国特色社会主义道路；加强思想引领，用习近平新时代中国特色社会主义思想武装全党、教育人民；加强风范引领，以强大真理力量和人格力量凝聚党心军心民心。党中央发挥"总揽全局、协调各方"的作用，体现为"三个统揽"：统揽各项工作，整体推进党和国家各方面事业；统揽各方力量，领导各级各类组织和广大党员、干部、群众一体行动；统揽国家治理，坚持和完善中国特色社会主义制度、推进国家治理体系和治理能力现代化。

17.坚持和加强党的全面领导

习近平总书记在党的十九大报告中强调，"党政军民学，东西南北中，党是领导一切的"，并在新时代党的建设总要求中鲜明提出"坚持和加强党的全面领导"。

历史已经并将继续证明，没有中国共产党的领导，民族复兴必然是空想。邓小平曾明确指出，没有中国共产党的领导，我们国家就会四分五裂，就会天下大乱。这是对历史经验的深刻总结，也是对中国现实的透彻把握，指出了我们党对于中国发展稳定、对于实现中国人民和中华民族根本利益不可替代的决定性地位和作用。2022年3月5日，习近平总书记在参加十三届全国人大五次会议内蒙古代表团的审议时强调"坚持党的全面领导是坚持和发展中国特色社会主义的必由之路",并指出:"只要坚定不移坚持党的全面领导、维护党中央权威和集中统一领导,我们就一定能够确保全党全国拥有团结奋斗的强大政治凝聚力、发展自信心,集聚起守正创新、共克时艰的强大力量,形成风雨来袭时全体人民最可靠的主心骨"。

坚持和加强党的全面领导,关系党和国家前途命运,我们的全部事业都建立在这个基础之上,都根植于这个最本质的特征和最大优势。在这个问题上犯错误往往是灾难性的、颠覆性的。党的十八大以来,我们采取一系列重大措施,纠正了一个时期以来的模糊和错误认识,扭转了一些地方和部门存在的党的领导弱化、党的建设缺失现象,使党的领导得到全面加强。

习近平总书记指出:"我们要把坚持党的领导贯彻和体现到改革发展稳定、内政外交国防、治党治国治军各个领域各个方面,确保党始终总揽全局、协调各方。"党的十八大以来,习近平总书记就坚持和加强党的全面领导提出一系列实践要求,无论哪个领域、哪方面工作,都从加强党的领导抓起,最终落脚在强化党的建设上,有力巩固了党总揽全局、协调各方的地位。

坚持和加强党的全面领导是全面的、系统的、整体的。所谓"全面",是指领导对象要全面覆盖,"党政军民学,东西南北中,党是领导一切的",领导内容要全面,必须体现到经济建设、政治建设、文化建设、社会建设、生态文明建设和国防军队、祖国统一、外交工作、党的建设等各方面;领导过程要全面,既制定路线方针政策,又协调各方、督促落实,贯穿于治国理政的立法、决策、执行、管理、监督等各项工作之中;领导方法要全面,通过制定大政方针,提出立法建议,推荐重要干部,进行思想宣传,发挥党组织和党员的作用等,实施党对国家和社会的领导。所谓"系统",是指按照系统论的科学方式方法实施领导。中国特色社会主义制度是一个严密完整的科学制度体系，起四梁八柱作用的是根本制度、基本制度、重要制度，其中中国共产党的领导是载入宪法的，党的领导制度是我国的根本领导制度、居于统领地位。所谓"整体"，是指从党的中央组织到地方组织再到基层组织，都要按照党章的规定发挥应有作用，党的领导作用要体现到治国理政的全过程，领导功能的发挥要完整。全面、系统、整体三者融为一体，既要坚持领导，又要善于领导。

18. 依靠党的自我革命跳出历史周期率

勇于自我革命是我们党区别于其他政党的显著标志，是党跳出治乱兴衰历史周期率、历经百年沧桑更加充满活力的成功秘诀。习近平总书记在十九届中央纪委六次全会上指出，2021年是党的十八大以来第十个年头，十年磨一剑，党中央把全面从严治党纳入"四个全面"战略布局，以前所未有的勇气和定力推进党风廉政建设和反腐败斗争，刹住了一些多年未刹住的歪风邪气，解决了许多长期没有解决的顽瘴痼疾，清除了党、国家、军队内部存在的严重隐患，管党治党宽松软状况得到根本扭转，探索出依靠党的自我革命跳出历史周期率的成功路径。

早在延安时期，毛泽东就提出跳出历史周期率的课题。1945年7月，黄炎培等人应邀来到延安。黄炎培在与毛泽东的一次交谈中讲，他听到过、看到过很多"其兴也勃焉，其亡也忽焉"的事，一部历史，"政怠宦成"的也有，"人亡政息"的也有，"求荣取辱"的也有。总之没有能跳出这周期率。毛泽东回答道："我们已经找到新路，我们能跳出这周期率。这条新路，就是民主。只有让人民来监督政府，政府才不敢松懈。只有人人起来负责，才不会人亡政息。"这段经典的历史周期率问题，习近平总书记多次在不同场合提及，因为这是一个需要持续破解的问题。

历史周期率是我国历史上封建王朝摆脱不了的宿命。回顾封建王朝的兴衰更替史，不难看出：有些封建王朝开始时顺乎潮流、民心归附，尚能励精图治、以图中兴，遂致功业大成、天下太平，但都未能摆脱盛极而衰的历史悲剧。导致悲剧的原因很多，其中一个共同的也是极其重要的原因就是统治集团贪图享乐、穷奢极欲、昏庸无道、荒淫无耻，吏治腐败、权以贿成，又自己解决不了自己的问题，搞得民不聊生、祸乱并生，终致改朝换代。我们党和国家的性质宗旨同封建王朝有着本质区别，不可简单类比，但以史为鉴可以知兴替。如何实现长期执政？如何实现长治久安？我们党一直在思考、在探索、在作答。

习近平总书记在党的十九届六中全会第二次全体会议上的讲话中阐释了"窑洞之问"的第二个答案：我们党历史这么长、规模这么大、执政这么久，如何跳出治乱兴衰的历史周期率？毛泽东在延安的窑洞里给出了第一个答案，这就是"只有让人民来监督政府，政府才不敢松懈"。经过百年奋斗特别是党的十八大以来新的实践，我们党又给出了第二个答案，这就是自我革命。

一百年来，党外靠发展人民民主、接受人民监督，内靠全面从严治党、推进自我革命，勇于坚持真理、修正错误，勇于刀刃向内、刮骨疗毒，保证了党长盛不衰、不断发展壮大。党的十八大以来，我们党以前所未有的勇气和定力全面从严治党，打了一套自我革命的"组合拳"，形成了一整套党自我净化、自我完善、自我革新、自我提高的制度规范体系。特别是我们党以猛药去疴、重典治乱的决心，以刮骨疗毒、壮士断腕的勇气，坚定不移"打虎""拍蝇""猎狐"，清除了党、国家、军队内部存在的隐患。全面从严治党是新时代党的自我革命的伟大实践，开辟了百年大党自我革命的新境界。

"却顾所来径，苍苍横翠微。"今天的中国共产党有9500多万名党员、480多万个基层党组织，是当今世界最大的政党，正在走向最强政党。但巨人往往败在自己手上，正如习近平总书记所指出的，"我看能打败我们的只有我们自己，没有第二人"。马克思主义政党夺取政权不容易，巩固政权更不容易；只要马克思主义执政党不出问题，社会主义国家就出不了大问题，就能够跳出"其兴也勃焉，其亡也忽焉"的历史周期率。要永葆自我革命精神，深化全面从严治党，把自身锻造得更加坚强有力。

19.全面贯彻新时代党的组织路线

中国共产党立志于中华民族千秋伟业，百年恰是风华正茂。我们党要长期执政、永葆活力，团结带领全国各族人民沿着中国特色社会主义道路实现中华民族伟大复兴，最重要的是把党建设得更加坚强有力。

习近平总书记在全国组织工作会议上的讲话中明确提出并阐述了新时代党的组织路线，那就是：全面贯彻新时代中国特色社会主义思想，以组织体系建设为重点，着力培养忠诚干净担当的高素质干部，着力集聚爱国奉献的各方面优秀人才，坚持德才兼备、以德为先、任人唯贤，为坚持和加强党的全面领导、坚持和发展中国特色社会主义提供坚强组织保证。

党的组织路线经历了长期探索，党的六大时就提出了组织路线这个概念。我们党一直执行着实际存在的组织路线，绝大多数时候执行的是正确组织路线，也有一些时候执行了错误组织路线，如王明"左"倾教条主义统治党内时期、"文化大革命"时期。党的历史表明，什么时候坚持正确组织路线，党的组织就蓬勃发展，党的事业就顺利推进；什么时候组织路线发生偏差，党的组织就遭到破坏，党的事业就出现挫折。

党的力量来自组织。党的全面领导、党的全部工作要靠党的坚强组织体系去实现。进入新时代，开启新征程，我们必须更加注重党的组织体系建设，不断增强党的政治领导力、思想引领力、群众组织力、社会号召力，把党员组织起来，把人才凝聚起来，把群众动员起来，为实现党的十九大提出的宏伟目标团结奋斗。

我们党是按照马克思主义建党原则建立起来的，形成了包括党的中央组织、地方组织、基层组织在内的严密组织体系。这是世界上任何其他政党都不具有的强大优势。党中央是大脑和中枢，党中央必须有定于一尊、一锤定音的权威，这样才能"如身使臂，如臂使指，叱咤变化，无有留难，则天下之势一矣"。党的地方组织的根本任务是确保党中央决策部署贯彻落实，有令即行、有禁即止。党组在党的组织体系中具有特殊地位，要贯彻落实党中央和上级党组织决策部署，发挥好把方向、管大局、保落实的重要作用。每个党员特别是领导干部都要强化党的意识和组织观念，自觉做到思想上认同组织、政治上依靠组织、工作上服从组织、感情上信赖组织。

党中央是党的最高领导机关，是党的组织体系的大脑和中枢，对党和国家事业发展重大工作实行集中统一领导，涉及全党全国性的重大方针政策问题只能由党中央作出决定和解释。地方党委要在党中央和上级党委领导下，全面领导本地区经济社会发展，全面负责本地区党的建设，坚决纠正党的领导弱化、党的建设缺失、全面从严治党不力问题。党的基层组织要着力提升组织力，突出政治功能、强化政治引领，下大气力整顿软弱涣散问题。党支部要担负起直接教育党员、管理党员、监督党员和组织群众、宣传群众、凝聚群众、服务群众的职责，发挥好战斗堡垒作用。党组要在批准其设立的党组织领导下，在本部门本单位发挥好把方向、管大局、保落实的重要作用，确保党中央和上级党组织决策部署在本部门本单位贯彻落实。党的各级纪委要进一步强化党内监督专责机关的职能定位，全面监督执纪问责，坚决维护党章党规党纪的严肃性和权威性。党的工作机关要更好发挥党委参谋助手作用，提高履职尽责的政治性和有效性，力求参当其时、谋当其用，更好服务党委决策、抓好决策落实。所有党组织和全体党员都必须牢固树立一盘棋意识，在党中央集中统一领导下齐心协力、步调一致开展工作，形成党的组织体系整体合力。

20. 朝着全面建成社会主义现代化强国的奋斗目标不断前进

习近平总书记在2022年春节团拜会上的讲话中指出："一百年来，党和人民取得的一切成就都是团结奋斗的结果，团结奋斗是中国共产党和中国人民最显著的精神标识。"百年奋斗历史告诉我们，团结就是力量，奋斗开创未来；能团结奋斗的民族才有前途，能团结奋斗的政党才能立于不败之地。

一百年来，中国共产党团结带领中国人民进行的一切奋斗、一切牺牲、一切创造，就是为了实现中华民族伟大复兴，把我国建设成为社会主义现代化强国。中国共产党团结带领中国人民浴血奋战、百折不挠，打败国内外一切反动势力，取得了新民主主义革命伟大胜利，建立了人民当家作主的中华人民共和国，完成了民族独立、人民解放的历史任务，开启了中华民族发展进步的历史新纪元。新中国成立后，中国共产党团结带领中国人民，自力更生、发愤图强，创造了社会主义革命和建设的伟大成就；解放思想、锐意进取，创造了改革开放和社会主义现代化建设的伟大成就；自信自强、守正创新，统揽伟大斗争、伟大工程、伟大事业、伟大梦想，创造了新时代中国特色社会主义的伟大成就。

把我国建设成为社会主义现代化强国，是十分伟大而又十分艰巨的事业，需要全体中华儿女众志成城、万众一心，把一切力量都凝聚起来，把一切积极因素都调动起来。我国是统一的多民族国家，一部中华民族史就是一部各民族团结凝聚、共同奋进的历史。近代以来，中国人民和中华民族弘扬伟大爱国主义精神，心聚在了一起、血流到了一起，共同书写了抵御外来侵略、推翻反动统治、建设人民国家、推进改革开放、坚持和发展中国特色社会主义的英雄史诗。各族人民亲如一家，是中华民族伟大复兴必定要实现的根本保证。实现中华民族伟大复兴，中国人民和中华民族必须同舟共济，以铸牢中华民族共同体意识为主线，把民族团结进步事业作为基础性事业抓紧抓好，依靠团结奋斗战胜前进道路上一切风险挑战。统一战线始终是我们党凝聚人心、汇聚力量的重要法宝。新的征程上，我们必须大力弘扬爱国主义精神，树立高度的民族自尊心和民族自信心，紧紧依靠全体中华儿女共同奋斗，坚持大团结大联合，不断巩固和发展最广泛的爱国统一战线，广泛凝聚中华民族一切智慧和力量，形成海内外全体中华儿女万众一心、共襄民族复兴伟业的生动局面。

"宝剑锋从磨砺出，梅花香自苦寒来。"人类的美好理想，都不可能唾手可得，都离不开筚路蓝缕、手胼足胝的艰苦奋斗。我们的国家，我们的民族，从积贫积弱一步一步走到今天的发展繁荣，靠的就是一代又一代人的顽强拼搏，靠的就是中华民族自强不息的奋斗精神。建成社会主义现代化强国是一场接力跑，我们还有许多"雪山""草地"需要跨越，还有许多"娄山关""腊子口"需要征服，一切贪图安逸、不愿继续艰苦奋斗、团结奋斗的想法都是要不得的，一切骄傲自满、不愿继续开拓前进的想法都是要不得的。只要14亿多中国人民始终手拉着手一起向未来，只要9500多万中国共产党人始终与人民心连着心一起向未来，我们就一定能在本世纪中叶把我国建设成为社会主义现代化强国。

三

促进人的现代化

  我们要在继续推动发展的基础上，着力解决好发展不平衡不充分问题，大力提升发展质量和效益，更好满足人民在经济、政治、文化、社会、生态等方面日益增长的需要，更好推动人的全面发展、社会全面进步。

  ——习近平在中国共产党第十九次全国代表大会上的报告，2017年10月18日

21. 人口规模巨大的现代化

2021年1月11日，在省部级主要领导干部学习贯彻党的十九届五中全会精神专题研讨班开班式上，习近平总书记强调了中国式现代化有五个特点，而第一个特点就是"人口规模巨大的现代化"。

2021年5月11日，国家统计局公布第七次全国人口普查主要数据，截至2020年11月1日零时，全国总人口为1443497378人，其中：普查登记的大陆31个省、自治区、直辖市和现役军人的人口共1411778724人；香港特别行政区人口为7474200人；澳门特别行政区人口为683218人；台湾地区人口为23561236人。中国人口规模约占全球总人口的19%，相当于当前高收入国家人口的总和。人口规模巨大是我国的基本国情，是中国式现代化的重要特征。迄今为止，全球能够称得上过上富裕日子的所谓发达国家的全部人口，加起来不过10亿人，而且他们的这种富裕生活，是经过了几百年工业化历程、消耗了大量不可再生资源才换来的。我国这个世界上最大发展中国家实现现代化，意味着比现在所有发达国家人口总和还要多的中国人民将进入现代化行列，这将彻底改写现代化的世界版图，必将成为人类历史上前所未有的壮举。

中国共产党一经诞生，就把为中国人民谋幸福、为中华民族谋复兴确立为自己的初心使命，立志于"救民于水火，解民于倒悬"。经过28年浴血奋战，中国共产党团结带领人民取得了新民主主义革命的伟大胜利。

1949年，新中国成立。那时候，中国共产党接手的是国民党留下的千疮百孔的烂摊子。1949年，我国粮食总产量为11318.40万吨，人均粮食产量不足420斤；棉花总产量为44.5万吨，人均棉花产量不足2斤。1949年,我国居民人均可支配收入仅为49.7元,城镇、农村居民家庭恩格尔系数分别高达80%、90%左右。1949年,我国医疗卫生机构仅有3670个,卫生技术人员数仅有50.5万人,医疗卫生机构床位仅有8.5万张;人均预期寿命只有35岁;人口平均文化程度仅有1年,成人文盲率高达80%。新中国成立初期,中国经济总量占世界的比重不足5%,人均国民收入仅为美国的1/20;钢产量只有15.8万吨,仅为美国的1/448。1949年,我国公路里程为8.08万公里,铁路营业里程为2.18万公里。1950年,在列入统计的世界141个国家中,只有10个国家的人均国内生产总值低于中国。

我国在人口规模大、经济基础薄弱的情况下,用了几十年时间走过了发达国家几百年的工业化历程,成为世界制造大国,钢铁、水泥、汽车等200多种工业品产量世界第一,人民生活水平随之迈上了一个大台阶。

2021年,我国全面建成了小康社会。中华民族向世界展现出一派欣欣向荣的气象,中国人民过上了前所未有的幸福安康的生活。我国建成了世界上规模最大的社会保障体系,基本医疗保险覆盖超过13亿人,基本养老保险覆盖近10亿人。

从1978年到2020年,我国国内生产总值占世界经济的比重从1.8%提高到17%左右,对世界经济增长的年均贡献率为18%左右;2020年居民人均可支配收入为32189元,比1978年实际增长几十倍。现在,我国已经成为世界第二大经济体、第一大工业国、第一大货物贸易国、第一大外汇储备国,人均国内生产总值突破1万美元大关,正在向高收入国家迈进。

2020年,医疗卫生机构数是1949年的278.7倍,卫生技术人员数是1949年的21.1倍,医疗卫生机构床位数是1949年的107.2倍。人均杂志2021年第20期。习近平总书记进一步明确了分阶段促进共同富裕：到"十四五"末，全体人民共同富裕迈出坚实步伐，居民收入和实际消费水平差距逐步缩小。到2035年，全体人民共同富裕取得更为明显的实质性进展，基本公共服务实现均等化。到本世纪中叶，全体人民共同富裕基本实现，居民收入和实际消费水平差距缩小到合理区间。

共同富裕是社会主义的本质要求，是人民群众的共同期盼。我们推动经济社会发展，归根结底是要实现全体人民共同富裕。新中国成立以来特别是改革开放以来，我们党团结带领人民向着实现共同富裕的目标不懈努力，人民生活水平不断提高。

党的十八大以来，我们把脱贫攻坚作为重中之重，使现行标准下农村贫困人口全部脱贫，就是促进全体人民共同富裕的一项重大举措。当前，我国发展不平衡不充分问题仍然突出，城乡区域发展和收入分配差距较大，促进全体人民共同富裕是一项长期任务，但随着我国全面建成小康社会、开启全面建设社会主义现代化国家新征程，我们必须把促进全体人民共同富裕摆在更加重要的位置，脚踏实地，久久为功，向着这个目标更加积极有为地进行努力。党中央把握发展阶段新变化，把逐步实现全体人民共同富裕摆在更加重要的位置上，推动区域协调发展，采取有力措施保障和改善民生，打赢脱贫攻坚战，全面建成小康社会，为促进共同富裕创造了良好条件。现在，已经到了扎实推动共同富裕的历史阶段。

党的十九届五中全会通过的《中共中央关于制定国民经济和社会发展第十四个五年规划和二〇三五年远景目标的建议》提出，到2035年"全体人民共同富裕取得更为明显的实质性进展"，在改善人民生活品质部分突出强调了"扎实推动共同富裕"，提出了一些重要要求和重大举措。这样表述，在党的全会文件中还是第一次，既指明了前进方向和奋斗目标，也是实事求是、符合发展规律的，兼顾了需要和可能，有利于在工作中积极稳妥把握，在促进全体人民共同富裕的道路上不断向前迈进。

现在，我们正在向第二个百年奋斗目标迈进。适应我国社会主要矛盾的变化，更好满足人民日益增长的美好生活需要，必须把促进全体人民共同富裕作为为人民谋幸福的着力点，不断夯实党长期执政基础。高质量发展需要高素质劳动者，只有促进共同富裕，提高城乡居民收入，提升人力资本，才能提高全要素生产率，夯实高质量发展的动力基础。

当前，全球收入不平等问题突出，一些国家贫富分化，中产阶层塌陷，导致社会撕裂、政治极化、民粹主义泛滥，教训十分深刻。我国必须坚决防止两极分化，促进共同富裕，实现社会和谐安定。我们说的共同富裕是全体人民共同富裕，是人民群众物质生活和精神生活都富裕，不是少数人的富裕，也不是整齐划一的平均主义。我们要着力促进社会公平正义，促进人的全面发展，使全体人民朝着共同富裕目标扎实迈进。

23. 把"蛋糕"做大做好、切好分好

2021年12月召开的中央经济工作会议指出："实现共同富裕目标，首先要通过全国人民共同奋斗把'蛋糕'做大做好，然后通过合理的制度安排把'蛋糕'切好分好。"

习近平总书记2021年8月在中央财经委员会第十次会议上，提出了促进共同富裕的总的思路："坚持以人民为中心的发展思想，在高

质量发展中促进共同富裕,正确处理效率和公平的关系,构建初次分配、再分配、三次分配协调配套的基础性制度安排,加大税收、社保、转移支付等调节力度并提高精准性,扩大中等收入群体比重,增加低收入群体收入,合理调节高收入,取缔非法收入,形成中间大、两头小的橄榄型分配结构,促进社会公平正义,促进人的全面发展,使全体人民朝着共同富裕目标扎实迈进。"

"国之称富者,在乎丰民。"财富的创造和分配是各国都面对的重大问题。在我国社会主义制度下,既要不断解放和发展社会生产力,不断创造和积累社会财富,又要防止两极分化。促进共同富裕,我们要把"蛋糕"做大做好,也要切好分好。

通过全国人民共同奋斗把"蛋糕"做大做好。幸福生活都是奋斗出来的,共同富裕要靠勤劳智慧来创造。要在推动高质量发展中强化就业优先导向,提高经济增长的就业带动力。要坚持在发展中保障和改善民生,为人民提高受教育程度、增强发展能力创造更加普惠公平的条件,提升全社会人力资本和专业技能,提高就业创业能力,增强致富本领。要防止社会阶层固化,畅通向上流动通道,给更多人创造致富机会,形成人人参与的发展环境,避免"内卷""躺平"。

通过合理的制度安排把"蛋糕"切好分好。建立科学的公共政策体系,把蛋糕分好,形成人人享有的合理分配格局。坚持按劳分配为主体,完善按要素分配政策,加大税收、社保、转移支付等的调节力度。加强对高收入的规范和调节,依法保护合法收入,合理调节过高收入,清理规范不合理收入,整顿收入分配秩序,坚决取缔非法收入。支持有意愿有能力的企业和社会群体积极参与公益慈善事业。完善公共服务政策制度体系,在教育、医疗、养老、住房等人民群众最关心的领域精准提供基本公共服务。要以更大的力度、更实的举措让人民群众有更多获得感。

坚持尽力而为、量力而行。我们的共同富裕是全体人民共同富裕，不是少数人的富裕，也不是整齐划一的平均主义。要看到，我国发展水平离发达国家还有很大差距。促进共同富裕，不能搞"福利主义"那一套。"要统筹需要和可能，把保障和改善民生建立在经济发展和财力可持续的基础之上，不要好高骛远，吊高胃口，作兑现不了的承诺。政府不能什么都包，重点是加强基础性、普惠性、兜底性民生保障建设。即使将来发展水平更高、财力更雄厚了，也不能提过高的目标，搞过头的保障，坚决防止落入'福利主义'养懒汉的陷阱。"推进全体人民共同富裕，是一个长期的历史过程，要稳步朝着这个目标迈进。

"治国之道，富民为始。"共同富裕是社会主义的本质要求，是人民群众的共同期盼。我们必须把促进全体人民共同富裕摆在更加重要的位置，切实做大做好"蛋糕"、切好分好"蛋糕"，脚踏实地，久久为功，扎实推动共同富裕。

24. 以人为核心的新型城镇化

2020年4月10日，习近平总书记在中央财经委员会第七次会议上的讲话中系统阐述了城市化战略。习近平总书记强调，我们要更好推进以人为核心的城镇化，使城市更健康、更安全、更宜居，成为人民群众高品质生活的空间。截至2019年底，我国常住人口城镇化率已经达到60.6%，今后一个时期还会上升，城镇成为承载人口和高质量发展的主要载体。

我国超大城市（城区常住人口1000万以上）和特大城市（城区

常住人口500万以上）人口密度总体偏高，北京、上海主城区密度都在每平方公里2万人以上，东京和纽约都只有1.3万人左右。长期来看，全国城市都要根据实际合理控制人口密度，大城市人口平均密度要有控制标准。我们需要建设一批产城融合、职住平衡、生态宜居、交通便利的郊区新城，推动多中心、郊区化发展，有序推动数字城市建设，提高智能管理能力，逐步解决中心城区人口和功能过密问题。

推进以人为核心的新型城镇化，需要因地制宜。我国各地情况千差万别，要因地制宜推进城市空间布局形态多元化。习近平总书记2020年4月10日在中央财经委员会第七次会议上的讲话中指出："东部等人口密集地区，要优化城市群内部空间结构，合理控制大城市规模，不能盲目'摊大饼'。要推动城市组团式发展，形成多中心、多层级、多节点的网络型城市群结构。城市之间既要加强互联互通，也要有必要的生态和安全屏障。中西部有条件的省区，要有意识地培育多个中心城市，避免'一市独大'的弊端。我国现有1881个县市，农民到县城买房子、向县城集聚的现象很普遍，要选择一批条件好的县城重点发展，加强政策引导，使之成为扩大内需的重要支撑点。在城市旧城和老旧小区改造，地下管网、停车场建设，托幼、养老、家政、教育、医疗服务等方面都有巨大需求和发展空间。"

城市治理是国家治理体系和治理能力现代化的重要内容。一流城市要有一流治理，要注重在科学化、精细化、智能化上下功夫。既要善于运用现代科技手段实现智能化，又要通过绣花般的细心、耐心、巧心提高精细化水平，绣出城市的品质品牌。

人民城市人民建，人民城市为人民。城市是人集中生活的地方，城市建设必须把让人民宜居安居放在首位，把最好的资源留给人民。要坚持广大人民群众在城市建设和发展中的主体地位，探索具有中国特色、体现时代特征、彰显我国社会主义制度优势的超大城市发展之路。要提高城市治理水平，推动治理手段、治理模式、治理理念创新，加快建设智慧城市，率先构建经济治理、社会治理、城市治理统筹推进和有机衔接的治理体系。

推进城市治理，根本目的是提升人民群众获得感、幸福感、安全感。要着力解决人民群众最关心最直接最现实的利益问题，不断提高公共服务均衡化、优质化水平。要构建和谐优美生态环境，把城市建设成为人与人、人与自然和谐共生的美丽家园。要把全生命周期管理理念贯穿城市规划、建设、管理全过程各环节，把健全公共卫生应急管理体系作为提升治理能力的重要一环，着力完善重大疫情防控体制机制，毫不放松抓好常态化疫情防控，全方位全周期保障人民健康。

25. 加快推进农业农村现代化

2021年9月，在第四个"中国农民丰收节"到来之际，习近平总书记向全国广大农民和工作在"三农"战线上的同志们致以节日祝贺和诚挚慰问。习近平总书记强调，各级党委和政府要贯彻党中央关于"三农"工作的大政方针和决策部署，坚持农业农村优先发展，加快农业农村现代化，让广大农民生活芝麻开花节节高。

在现代化进程中，如何处理工农关系、城乡关系，在一定程度上决定着现代化的成败。2018年9月21日，习近平总书记在十九届中央政治局第八次集体学习时指出，"我一直强调，没有农业农村现代化，就没有整个国家现代化"，"农业农村现代化是实施乡村振兴战略的总目标"。党的十九届五中全会提出要全面推进乡村振兴，强化"以工补农、以城带乡，推动形成工农互促、城乡互补、协调发展、共同繁荣的新型工农城乡关系"。推进乡村全面振兴，核心是重塑工农城乡关系，扭转长期以来"重工轻农、重城轻乡"的思维定式，打破城乡二元分割的体制藩篱，也需要做到以工促农、以城带乡。只有将乡村放在新型工农城乡关系格局中理解，才能从全局上推进乡村振兴战略，促进乡村全面振兴。

习近平总书记在十九届中央政治局第八次集体学习时就如何处理好工农关系、城乡关系作出了重要论述，为在乡村振兴中处理好工农关系、城乡关系指明了方向。

城镇化的快速推进，除了带来城镇化率的快速提高，更重要的是让我国的城乡关系格局也发生了深刻变化。近年来，农民工返乡创业、就业的趋势十分明显，扭转了农村劳动力、人才净流出的格局。我国广大农民为推进工业化、城镇化作出了巨大贡献。在这个过程中，农业发展和农村建设也取得了显著成就，为我国改革开放和社会主义现代化建设打下了坚实基础。几亿农民工在城乡之间长时间、大范围有序有效转移，不仅没有带来社会动荡，而且成为经济社会发展的重要支撑。习近平总书记在十九届中央政治局第八次集体学习时指出："党的十九大提出实施乡村振兴战略，就是为了从全局和战略高度来把握和处理工农关系、城乡关系。""40年前，我们通过农村改革拉开了改革开放大幕。40年后的今天，我们应该通过振兴乡村，开启城乡融合发展和现代化建设新局面。""相比较而言，农村在基础设施、公共服务、社会治理等方面差距相当大。农村现代化既包括'物'的现代化，也包括'人'的现代化，还包括乡村治理体系和治理能力的现代化。我们要坚持农业现代化和农村现代化一体设计、一并推进，实现农业大国向农业强国跨越。"不能在现代化进程中把农村4亿多人落下，造成"一边是繁荣的城市、一边是凋敝的农村"的现象。

推进农业农村现代化是全面建设社会主义现代化国家的重大任务，是解决发展不平衡不充分问题的重要举措，是推动农业农村高质量发展的必然选择，要在以习近平同志为核心的党中央坚强领导下，全面加强党对"三农"工作的集中统一领导，坚持以人民为中心，坚守底线、精准施策、真抓实干，推动乡村振兴取得新进展、农业农村现代化迈上新台阶，书写好新时代"三农"工作新篇章。

26.人民幸福生活是最大的人权

2018年12月，习近平主席在向纪念《世界人权宣言》发表70周年座谈会所致贺信中指出，人民幸福生活是最大的人权。

2021年6月，国务院新闻办公室发布《中国共产党尊重和保障人权的伟大实践》，全面介绍了我们党的百年人权工作成就。

2021年是中国共产党成立100周年。中国共产党的100年，创造了尊重和保障人权的伟大奇迹，谱写了人权文明的新篇章。中国共产党自成立之日起就举起争民主、争人权的旗帜，团结带领人民为实现民族独立、人民解放不懈奋斗，建立了新中国，实现了人民当家作主。新中国成立后，中国共产党领导人民进行社会主义革命和建设，确立了社会主义基本制度，为中国人权事业发展奠定了根本政治前提和制度基础。改革开放新时期，中国开辟了中国特色社会主义道路，不断解放和发展社会生产力，实现了人民生活从温饱不足到总体小康、奔向全面小康的历史性跨越，中国人权事业取得长足进步。党的十八大以来，习近平总书记高度重视尊重和保障人权，鲜明提出"坚持以人民为中心""人民至上""生命至上""人民幸福生活是最大的人权""推动构建人类命运共同体"等富有原创性、感召力的人权新理念。中国坚持以人民为中心，把人民利益放在首位，以发展促进人权，推进全过程人民民主，促进人的自由全面发展，成功走出一条符合时代潮流的人权发展道路，推动中国人权事业取得了显著成就。

时代在发展，人权在进步，人权是人类文明进步的标志。一百年来，中国共产党坚持人民至上，坚持将人权的普遍性原则与中国实际相结合，坚持生存权、发展权是首要的基本人权，坚持人民幸福生活是最大的人权，坚持促进人的全面发展，不断增强人民群众的获得感、幸福感、安全感，成功走出了一条中国特色社会主义人权发展道路。

宪法是国家的根本法，是公民权利的保障书。在中国共产党的领导下，中国建立了以宪法为核心的中国特色社会主义法律体系，为保障人权夯实法治基础。2004年3月，第十届全国人民代表大会第二次会议通过《中华人民共和国宪法修正案》，正式将"国家尊重和保障人权"载入宪法，由此，"尊重和保障人权"就成为整个中国特色社会主义法治体系的基本原则。

中国积极响应国际社会倡议，自2009年以来，已制定实施3期国家人权行动计划，成为世界上为数不多的连续制定人权行动计划的国家。目前，第4期《国家人权行动计划（2021—2025年）》也已发布。中国的国家人权行动计划已实现与国家发展规划的对接和统一。

2020年6月22日，联合国人权理事会再次通过中国提交的"在人权领域促进合作共赢"决议，这是中国继2018年推动人权理事会通过"在人权领域促进合作共赢"决议后，第二次提出这一重要倡议。决议倡导坚持多边主义，呼吁构建相互尊重、公平正义、合作共赢的新型国际关系，构建人类命运共同体，强调各国在人权领域开展真诚对话与合作,分享促进和保护人权的良好做法和经验,加强人权技术援助和能力建设,实现合作共赢。

人权没有最好,只有更好;人权保障只有进行时,没有完成时。中国人权事业要由中国人民来评判,要以中国人民的获得感、幸福感、安全感是否得到满足为衡量尺度。

人人充分享有人权,是人类社会的伟大梦想。中国共产党和中国政府始终尊重和保障人权。中国共产党从诞生那一天起,就把为人民谋幸福、为人类谋发展作为奋斗目标。2021年12月8日,国家主席习近平向2021·南南人权论坛致贺信,在贺信中指出:"人权实践是多样的。世界各国人民应该也能够自主选择适合本国国情的人权发展道路。中国愿同广大发展中国家一道,弘扬全人类共同价值,践行真正的多边主义,为促进国际人权事业健康发展贡献智慧和力量。"习近平总书记围绕尊重和保障人权发表的一系列重要论述,立意高远,内涵丰富,思想深刻,对于我们在更高水平上保障中国人民的人权,全面建设社会主义现代化国家、实现中华民族伟大复兴的中国梦,推动形成更加公正、合理、包容的全球人权治理,共同构建人类命运共同体,具有十分重要的意义。

27.积极应对人口老龄化国家战略

人口发展是关系中华民族发展的大事情。2021年11月2日,习近平总书记在参加第七次全国人口普查登记时指出,我国是世界上人口最多的国家,人口问题始终是一个全局性、战略性问题。

老龄化是全球性人口发展大趋势,也是我国发展面临的重大挑战。预计"十四五"期间我国人口将进入中度老龄化阶段,2035年前后进入重度老龄化阶段，将对经济运行全领域、社会建设各环节、社会文化多方面产生深远影响。

近年来，我国人口发展出现了一些显著变化，既面临人口众多的压力，又面临人口结构转变带来的挑战。按国际标准，65岁及以上老年人口占比超过7%即为老龄化社会，超过14%为中度老龄化社会，超过21%为重度老龄化社会。进入21世纪，我国人口老龄化速度加快、程度加深，65岁以上老年人口占比已由2000年的6.96%增至2019年的12.57%，预计在"十四五"时期将超过14%，进入中度老龄化社会。同其他国家相比，我国人口老龄化具有基数大、增速快、未富先老、城乡倒置等与我国国情密切相关的突出问题，伴随着人口老龄化进程，社会和家庭养老负担加重，社会保障支出压力加大，养老和健康服务供需矛盾凸显。

进入21世纪以来，我国总和生育率保持在1.6左右水平，每年出生人口在1600万上下。全面两孩政策实施后，在2016年和2017年形成生育小高峰，分别出生1786万人和1723万人，但2018年就降至1523万人，2019年又降至1465万人。随着新出生人口数量的逐年走低，全国总人口在今后若干年内将达到峰值，随后就会进入负增长阶段。2011年，我国16~59岁劳动年龄人口总量达到峰值，自2012年开始逐年减少，每年减少幅度达数百万人，且呈逐步扩大趋势。随着青壮年劳动力供给的减少，劳动力要素对经济增长的贡献会逐步降低。我国人口发展正经历着从数量压力到结构性挑战的历史性转变，老年人口偏多、青少年人口偏少将逐步成为突出的结构性矛盾，这既不利于保持代际和谐与社会活力，也不利于维护国家人口安全和增强国际竞争力。

面对老龄化社会的到来，我们需要健全覆盖全民、统筹城乡、公平统一、可持续的多层次社会保障体系。推进社保转移接续，健全基本养老、基本医疗保险筹资和待遇调整机制。实现基本养老保险全国统筹，实施渐进式延迟法定退休年龄。发展多层次、多支柱养老保险体系。推动养老事业和养老产业协同发展，健全基本养老服务体系，发展普惠型养老服务和互助性养老，支持家庭承担养老功能，培育养老新业态，构建居家社区机构相协调、医养康养相结合的养老服务体系，健全养老服务综合监管制度。

2021年7月，《中共中央 国务院关于优化生育政策促进人口长期均衡发展的决定》发布，决定实施一对夫妻可以生育三个子女政策，并取消社会抚养费等制约措施、清理和废止相关处罚规定，配套实施积极生育支持措施。实施三孩生育政策及配套支持措施，具有重大意义：有利于改善人口结构，落实积极应对人口老龄化国家战略；有利于保持人力资源禀赋优势，应对世界百年未有之大变局；有利于平缓总和生育率下降趋势，推动实现适度生育水平；有利于巩固全面建成小康社会成果，促进人与自然和谐共生。

有效应对我国人口老龄化，事关国家发展全局，事关亿万百姓福祉，事关社会和谐稳定，对于全面建设社会主义现代化国家具有重要意义。《中共中央 国务院关于加强新时代老龄工作的意见》于2021年11月24日发布，出台一揽子举措，着力解决老年人的"急难愁盼"，满足老年人多层次、多样化需求，旨在实施积极应对人口老龄化国家战略，加强新时代老龄工作，提升广大老年人的获得感、幸福感、安全感。该意见侧重既定目标任务的落实，通过创新和完善政策举措，建立制度框架，推动老龄工作落地见效，是指导新时代老龄工作的纲领性文件。

28. 健康中国2030

健康是促进人的全面发展的必然要求，是经济社会发展的基础条件，是民族昌盛和国家富强的重要标志，也是广大人民群众的共同追求。2020年9月22日，习近平总书记在教育文化卫生体育领域专家代表座谈会上的讲话中指出："人民健康是社会文明进步的基础，是民族昌盛和国家富强的重要标志，也是广大人民群众的共同追求。"没有全民健康，就没有全面小康。中国把人民健康放在优先发展的战略位置，实施健康中国战略，推进健康中国行动，推行普惠高效的基本公共卫生服务，不断提升医疗卫生服务的公平性、可及性、便利性和可负担性。

2016年8月26日，中共中央政治局召开会议，审议通过《"健康中国2030"规划纲要》。

2016年10月，中共中央、国务院印发了《"健康中国2030"规划纲要》，并发出通知，要求各地区各部门结合实际认真贯彻落实。

党的十八届五中全会明确提出推进健康中国建设，从"五位一体"总体布局和"四个全面"战略布局出发，对当前和今后一个时期更好保障人民健康作出了制度性安排。编制和实施《"健康中国2030"规划纲要》是贯彻落实党的十八届五中全会精神、保障人民健康的重大举措，对全面建成小康社会、加快推进社会主义现代化具有重大意义。同时，这也是我国积极参与全球健康治理、履行我国对联合国"2030年可持续发展议程"承诺的重要举措。

《"健康中国2030"规划纲要》是推进健康中国建设的行动纲领。要坚持以人民为中心的发展思想，牢固树立和贯彻落实创新、协调、绿色、开放、共享的新发展理念，坚持正确的卫生与健康工作方针，坚持健康优先、改革创新、科学发展、公平公正的原则，以提高人民健康水平为核心，以体制机制改革创新为动力，从广泛的健康影响因素入手，以普及健康生活、优化健康服务、完善健康保障、建设健康环境、发展健康产业为重点，把健康融入所有政策，全方位、全周期保障人民健康，大幅提高健康水平，显著改善健康公平。

党的十九届五中全会审议通过的《中共中央关于制定国民经济和社会发展第十四个五年规划和二〇三五年远景目标的建议》对"全面推进健康中国建设"作出明确要求：把保障人民健康放在优先发展的战略位置，坚持预防为主的方针，深入实施健康中国行动，完善国民健康促进政策，织牢国家公共卫生防护网，为人民提供全方位全周期健康服务。改革疾病预防控制体系，强化监测预警、风险评估、流行病学调查、检验检测、应急处置等职能。建立稳定的公共卫生事业投入机制，加强人才队伍建设，改善疾控基础条件，完善公共卫生服务项目，强化基层公共卫生体系。落实医疗机构公共卫生责任，创新医防协同机制。完善突发公共卫生事件监测预警处置机制，健全医疗救治、科技支撑、物资保障体系，提高应对突发公共卫生事件能力。坚持基本医疗卫生事业公益属性，深化医药卫生体制改革，加快优质医疗资源扩容和区域均衡布局，加快建设分级诊疗体系，加强公立医院建设和管理考核，推进国家组织药品和耗材集中采购使用改革，发展高端医疗设备。支持社会办医，推广远程医疗。坚持中西医并重，大力发展中医药事业。提升健康教育、慢病管理和残疾康复服务质量，重视精神卫生和心理健康。深入开展爱国卫生运动，促进全民养成文明健康生活方式，完善全民健身公共服务体系，加快发展健康产业。

2019年，中国居民人均预期寿命从1949年的35岁提高到77.3岁，孕产妇和婴儿死亡率分别下降到17.8/10万和5.6‰，主要健康指预期寿命从新中国成立前的35岁上升至2019年的77.3岁，是1949年的两倍多，主要健康指标位于发展中国家前列。2020年，文盲率下降至2.67%，15岁及以上人口平均受教育年限提高至9.91年，高中阶段教育全面普及。截至2020年底，我国固定宽带家庭普及率已达到96%，移动宽带用户普及率达到108%。特别是，7.7亿农村贫困人口全部脱贫，我们历史性地解决了困扰中华民族几千年的绝对贫困问题，创造了彪炳世界发展史的减贫奇迹。

让14亿多中国人民携手迈入现代化，是一项繁重、复杂的系统工程，必须坚持和加强党的领导，坚持以人民为中心的发展思想，充分发挥我国社会主义制度的显著优势，有效调动各方面积极性，集中力量办大事，汇聚起现代化建设的强大合力。

22. 全体人民共同富裕的现代化

2021年12月8日至10日，中央经济工作会议召开。习近平总书记发表重要讲话，总结2021年经济工作，分析当前经济形势，部署2022年经济工作。会议概括了对做好经济工作的规律性认识，对当前我国经济发展中面临五个新的重大理论和实践问题进行了深刻阐释。会议着重阐述的第一个重大问题就是要正确认识和把握实现共同富裕的战略目标和实践途径。

我们在中华大地上全面建成了小康社会，历史性地解决了绝对贫困问题。现在，已经到了扎实推动共同富裕的历史阶段。2021年8月17日，习近平总书记主持召开中央财经委员会第十次会议，首要议题就是研究扎实促进共同富裕问题。习近平总书记在会上发表重要讲话，其讲话的一部分以《扎实推动共同富裕》为题，发表在《求是》

标总体上优于中高收入国家平均水平。妇女儿童生命健康权保障水平大幅提升，被世界卫生组织评为妇幼健康高绩效的10个国家之一。

当前，人类正在经历第二次世界大战结束以来最严重的全球公共卫生突发事件，新冠肺炎疫情仍在全球蔓延，我国面临多重疾病负担并存、多重健康影响因素交织的复杂状况，特别是突发急性传染病传播迅速、波及范围广、危害巨大，同时人民群众多层次多样化健康需求持续快速增长，健康越来越成为人民群众关心的重大民生福祉问题。加快提高卫生健康供给质量和服务水平，是适应我国社会主要矛盾变化、满足人民美好生活需要的要求，也是实现经济社会更高质量、更有效率、更加公平、更可持续、更为安全发展的基础。

29.建设体育强国

体育是提高人民健康水平的重要途径，是满足人民群众对美好生活向往、促进人的全面发展的重要手段，是促进经济社会发展的重要动力，是展示国家文化软实力的重要平台。党的十八大以来特别是"十三五"时期，我们全面推进群众体育、竞技体育、体育产业、体育文化等各方面发展，深入实施全民健身国家战略，提升体育公共服务水平，大力发展冰雪运动，体育事业取得长足发展。体育既是国家强盛应有之义，也是人民健康幸福生活的重要组成部分。

2014年2月，习近平主席在接受俄罗斯电视台专访时指出："中国体育事业不断发展，中国政府高度重视体育事业，我们的目标是建设体育强国。"2022年1月，习近平总书记在北京考察2022年冬奥会、冬残奥会筹办备赛工作时强调，建设体育强国、健康中国，最根本的是增强人民体质、保障人民健康。这是全面建设社会主义现代化国家的一个重要方面。

从党的十九大明确提出"广泛开展全民健身活动，加快推进体育强国建设"的目标，到2019年9月《体育强国建设纲要》出台，对体育强国的战略任务进行了安排，再到"十四五"规划和2035年远景目标纲要明确提出到2035年"建成体育强国"，体育已成为中华民族伟大复兴的标志性事业。

截至2019年，全国共有体育场地371.3万个，体育场地面积31亿平方米，人均体育场地面积2.2平方米。公共体育场馆、全民健身中心、体育公园（或配建体育设施的公园）、公共健身设施覆盖率大幅提升。

我们要紧紧围绕满足人民群众需求，统筹建设全民健身场地设施，构建更高水平的全民健身公共服务体系。要推动健康关口前移，建立体育和卫生健康等部门协同、全社会共同参与的运动促进健康新模式。要坚持健康第一的教育理念，加强学校体育工作，推动青少年文化学习和体育锻炼协调发展，帮助学生在体育锻炼中享受乐趣、增强体质、健全人格、锻炼意志。要探索中国特色"三大球"发展路径，持续推进冰雪运动发展。要推动体育产业高质量发展，不断满足体育消费需求。要加快推进体育改革创新步伐，更新体育理念，借鉴国外有益经验，为我国体育事业发展注入新的活力和动力。要创新竞技体育人才培养、选拔、激励保障机制和国家队管理体制。要坚决推进反兴奋剂斗争，强化拿道德的金牌、风格的金牌、干净的金牌意识，坚决做到兴奋剂问题"零出现""零容忍"。

发展体育事业不仅是实现中国梦的重要内容，还能为中华民族伟大复兴提供凝心聚气的强大精神力量。体育强则中国强，国运兴则体育兴。加快建设体育强国，就要坚持以人民为中心的思想，把人民作为发展体育事业的主体，把满足人民健身需求、促进人的全面发展作为体育工作的出发点和落脚点，落实全民健身国家战略，不断提高人民健康水平。

30.培养担当民族复兴大任的时代新人

教育是国之大计、党之大计。

2021年4月19日，在清华大学建校110周年校庆日即将来临之际，习近平总书记在清华大学考察时指出："要想国家之所想、急国家之所急、应国家之所需，抓住全面提高人才培养能力这个重点，坚持把立德树人作为根本任务，着力培养担当民族复兴大任的时代新人。"教育是民族振兴、社会进步的重要基石，是功在当代、利在千秋的德政工程，对提高人民综合素质、促进人的全面发展、增强中华民族创新创造活力、实现中华民族伟大复兴具有决定性意义。

习近平总书记考察时强调，党和国家事业发展对高等教育的需要，对科学知识和优秀人才的需要，比以往任何时候都更为迫切。我们要建设的世界一流大学是中国特色社会主义的一流大学，我国社会主义教育就是要培养德智体美劳全面发展的社会主义建设者和接班人。

党的十八大以来，党中央高度重视教育工作，召开全国教育大会，印发《中国教育现代化2035》，全面加强各级各类学校思想政治工作，推进教育领域综合改革，强化教材建设国家事权地位，教育面貌正在发生格局性变化。党的十九大从新时代坚持和发展中国特色社会主义的战略高度，作出了优先发展教育事业、加快教育现代化、建设教育强国的重大部署。"十四五"时期，我们要从党和国家事业发展全局的高度，全面贯彻党的教育方针，坚持优先发展教育事业，坚守为党育人、为国育才，努力办好人民满意的教育，在加快推进教育现代化的新征程中培养担当民族复兴大任的时代新人。

2018年9月10日，习近平总书记出席全国教育大会并发表重要讲话，其中谈到"培养什么人"，培养人从哪些方面下功夫的问题，具体有以下几个方面。

（1）培养什么人，是教育的首要问题。我国是中国共产党领导的社会主义国家，这就决定了我们的教育必须把培养社会主义建设者和接班人作为根本任务，培养一代又一代拥护中国共产党领导和我国社会主义制度、立志为中国特色社会主义奋斗终身的有用人才。这是教育工作的根本任务，也是教育现代化的方向目标。

（2）要在坚定理想信念上下功夫，教育引导学生树立共产主义远大理想和中国特色社会主义共同理想，增强学生的中国特色社会主义道路自信、理论自信、制度自信、文化自信，立志肩负起民族复兴的时代重任。

（3）要在厚植爱国主义情怀上下功夫，让爱国主义精神在学生心中牢牢扎根，教育引导学生热爱和拥护中国共产党，立志听党话、跟党走，立志扎根人民、奉献国家。要在加强品德修养上下功夫，教育引导学生培育和践行社会主义核心价值观，踏踏实实修好品德，成为有大爱大德大情怀的人。

（4）要在增长知识见识上下功夫，教育引导学生珍惜学习时光，心无旁骛求知问学，增长见识，丰富学识，沿着求真理、悟道理、明事理的方向前进。

（5）要在培养奋斗精神上下功夫，教育引导学生树立高远志向，历练敢于担当、不懈奋斗的精神，具有勇于奋斗的精神状态、乐观向上的人生态度，做到刚健有为、自强不息。

（6）要在增强综合素质上下功夫，教育引导学生培养综合能力，培养创新思维。要树立健康第一的教育理念，开齐开足体育课，帮助学生在体育锻炼中享受乐趣、增强体质、健全人格、锤炼意志。要全面加强和改进学校美育，坚持以美育人、以文化人，提高学生审美和人文素养。要在学生中弘扬劳动精神，教育引导学生崇尚劳动、尊重劳动，懂得劳动最光荣、劳动最崇高、劳动最伟大、劳动最美丽的道理，长大后能够辛勤劳动、诚实劳动、创造性劳动。

四
构建新发展格局

进入新发展阶段、贯彻新发展理念、构建新发展格局，是由我国经济社会发展的理论逻辑、历史逻辑、现实逻辑决定的。进入新发展阶段明确了我国发展的历史方位，贯彻新发展理念明确了我国现代化建设的指导原则，构建新发展格局明确了我国经济现代化的路径选择。要深入学习、坚决贯彻党的十九届五中全会精神，准确把握新发展阶段，深入贯彻新发展理念，加快构建新发展格局，推动"十四五"时期高质量发展，确保全面建设社会主义现代化国家开好局、起好步。

——习近平在省部级主要领导干部学习贯彻党的十九届五中全会精神专题研讨班开班式上的讲话，2021年1月11日

31. 新发展阶段、新发展理念、新发展格局

（1）立足新发展阶段

正确认识党和人民事业所处的历史方位和发展阶段，是我们党明确阶段性中心任务、制定路线方针政策的根本依据，也是我们党领导革命、建设、改革不断取得胜利的重要经验。从这个意义上说，进入新发展阶段明确了党和人民事业所处的历史方位，为我国在新阶段的发展提供了重要遵循。

2021年1月11日，在省部级主要领导干部学习贯彻党的十九届五中全会精神专题研讨班开班式上，习近平总书记着眼新时代党和国家事业发展全局，从理论和实际、历史和现实、国内和国际相结合的高度，科学分析了进入新发展阶段的理论依据、历史依据、现实依据，系统阐述了深入贯彻新发展理念的新要求，深刻阐明了加快构建新发展格局的主攻方向。

何为新发展阶段？党的十九届五中全会提出，全面建成小康社会、实现第一个百年奋斗目标之后，我们要乘势而上开启全面建设社会主义现代化国家新征程、向第二个百年奋斗目标进军，这标志着我国进入了一个新发展阶段。习近平总书记在省部级主要领导干部学习贯彻党的十九届五中全会精神专题研讨班开班式上强调，新发展阶段是我国社会主义发展进程中的一个重要阶段。全面建设社会主义现代化国家、基本实现社会主义现代化，既是社会主义初级阶段我国发展的要求，也是我国社会主义从初级阶段向更高阶段迈进的要求。

未来30年将是我们完成这个历史宏愿的新发展阶段。新发展阶段，是全面回应我国社会主要矛盾发生变化、不断满足人民美好生活

需要的新阶段；是全面贯彻新发展理念、加快构建新发展格局，不断实现更高质量、更有效率、更加公平、更可持续、更为安全的发展的新阶段；是坚持和完善中国特色社会主义制度、确保实现国家治理体系和治理能力现代化的新阶段；是在充满不确定性的国际环境中继续深化改革开放、实现更大发展的新阶段。

（2）贯彻新发展理念

理念是行动的先导，一定的发展实践都是由一定的发展理念来引领的。发展理念是否对头，从根本上决定着发展成败。实践告诉我们，发展是一个不断变化的进程，发展环境不会一成不变，发展条件不会一成不变，发展理念自然也不会一成不变。

2015年，习近平总书记在主持起草"十三五"规划建议时，创造性地提出了创新、协调、绿色、开放、共享的新发展理念，并写入"十三五"规划建议，成为编制和实施"十三五"规划的总体思路和根本遵循。一场关系我国发展全局的深刻变革全面开启，开辟了中国发展新境界。

2020年10月，党的十九届五中全会在提出"十四五"时期经济社会发展指导思想和必须遵循的原则时重申了坚定不移贯彻创新、协调、绿色、开放、共享的新发展理念。

"我们党领导人民治国理政，很重要的一个方面就是要回答好实现什么样的发展、怎样实现发展这个重大问题。"2021年1月11日，习近平总书记在省部级主要领导干部学习贯彻党的十九届五中全会精神专题研讨班开班式上强调："党的十八大以来，我们党对经济形势进行科学判断，对经济社会发展提出了许多重大理论和理念，对发展理念和思路作出及时调整，其中新发展理念是最重要、最主要的，引导我国经济发展取得了历史性成就、发生了历史性变革。新发展理念是一个系统的理论体系，回答了关于发展的目的、动力、方式、路径等一系列理论和实践问题，阐明了我们党关于发展的政治立场、价值导向、发展模式、发展道路等重大政治问题。"

习近平总书记在这次专题研讨班开班式上对深入贯彻新发展理念提出新要求：

我们要从根本宗旨把握新发展理念。人民是我们党执政的最深厚基础和最大底气。为人民谋幸福、为民族谋复兴，这既是我们党领导现代化建设的出发点和落脚点，也是新发展理念的"根"和"魂"。

我们要从问题导向把握新发展理念。我国发展已经站在新的历史起点上，要根据新发展阶段的新要求，坚持问题导向，更加精准地贯彻新发展理念，举措要更加精准务实，切实解决好发展不平衡不充分的问题，真正实现高质量发展。

我们要从忧患意识把握新发展理念。随着我国社会主要矛盾变化和国际力量对比深刻调整，必须增强忧患意识、坚持底线思维，随时准备应对更加复杂困难的局面。要坚持政治安全、人民安全、国家利益至上有机统一，既要敢于斗争，也要善于斗争，全面做强自己。

（3）构建新发展格局

2021年1月11日，习近平总书记在省部级主要领导干部学习贯彻党的十九届五中全会精神专题研讨班开班式上强调，加快构建以国内大循环为主体、国内国际双循环相互促进的新发展格局，是"十四五"规划《建议》提出的一项关系我国发展全局的重大战略任务，需要从全局高度准确把握和积极推进。

构建新发展格局，是与时俱进提升我国经济发展水平的战略抉择，也是塑造我国国际经济合作和竞争新优势的战略抉择。改革开放以来特别是加入世界贸易组织后，我国加入国际大循环，市场和资源"两头在外"，形成"世界工厂"发展模式，对我国快速提升经济实力、改善人民生活发挥了重要作用。近几年，随着全球政治经济环境变化，逆全球化趋势加剧，有的国家大搞单边主义、保护主义，传统国际循环明显弱化。在这种情况下，必须把发展立足点放在国内，更多依靠国内市场实现经济发展。我国有14亿多人口，人均国内生产总值已经突破1万美元，是全球最大和最有潜力的消费市场，具有巨大增长空间。改革开放以来，我们遭遇过很多外部风险冲击，最终都能化险为夷，靠的就是办好自己的事、把发展立足点放在国内。

加快形成以国内大循环为主体、国内国际双循环相互促进的新发展格局，是根据我国发展阶段、环境、条件变化作出的战略决策，是事关全局的系统性深层次变革。2021年1月11日，习近平总书记在省部级主要领导干部学习贯彻党的十九届五中全会精神专题研讨班开班式上指出，构建新发展格局的关键在于经济循环的畅通无阻。构建新发展格局必须坚持深化供给侧结构性改革这条主线，继续完成"三去一降一补"的重要任务，全面优化升级产业结构，提升创新能力、竞争力和综合实力，增强供给体系的韧性，形成更高效率和更高质量的投入产出关系，实现经济在高水平上的动态平衡。

构建新发展格局最本质的特征是实现高水平的自立自强，必须更强调自主创新，全面加强对科技创新的部署，集合优势资源，有力有序推进创新攻关的"揭榜挂帅"体制机制，加强创新链和产业链对接。

构建新发展格局就要建立起扩大内需的有效制度，释放内需潜力，加快培育完整内需体系，加强需求侧管理，扩大居民消费，提升消费层次，使建设超大规模的国内市场成为一个可持续的历史过程。

构建新发展格局,实行高水平对外开放,必须具备强大的国内经济循环体系和稳固的基本盘。要塑造我国参与国际合作和竞争新优势,重视以国际循环提升国内大循环效率和水平,改善我国生产要素质量和配置水平,推动我国产业转型升级。

32.畅通国内大循环与国内国际双循环

(1)畅通国内大循环

国民经济运行是一个周而复始的循环过程。千千万万企业、个人以及公共部门通过市场机制连接成为一个巨大的经济网络,连续不断地进行生产和交往活动。国民经济循环是否通畅,决定了经济能否持续健康发展,人民生活能否不断改善。在经济全球化和开放经济条件下,任何国家的经济都是内外联通的,既有国内经济循环,也参与国际经济循环。大国经济的一个重要特征就是以国内经济循环为主体,同时与国际经济循环紧密联系、相互促进。

实施扩大内需战略,是当前应对疫情冲击的需要,是保持我国经济长期持续健康发展的需要,也是满足人民日益增长的美好生活的需要。构建完整的内需体系,关系我国长远发展和长治久安。当前,新冠肺炎疫情全球大流行使这个大变局加速变化,保护主义、单边主义上升,世界经济低迷,全球产业链供应链因非经济因素而面临冲击,国际经济、科技、文化、安全、政治等格局都在发生深刻调整,世界进入动荡变革期。今后一个时期,我们将面对更多逆风逆水的外部环境,必须做好应对一系列新的风险挑战的准备。

大国经济的优势就是内部可循环。我国是全球最大最有潜力的消费市场，居民消费优化升级，同现代科技和生产方式相结合，蕴含着巨大增长空间。消费是我国经济增长的重要引擎，中等收入群体是消费的重要基础。目前，我国约有4亿中等收入人口，绝对规模世界最大。我们要牢牢把握扩大内需这一战略基点，使生产、分配、流通、消费各环节更多依托国内市场实现良性循环，明确供给侧结构性改革的战略方向，促进总供给和总需求在更高水平上实现动态平衡。自2008年国际金融危机以来，我国国内经济大循环的地位和作用日益重要，经济增长已经转向主要依靠内需拉动。

"十四五"时期和未来一个时期，国内经济大循环的重要性会进一步上升，将吸引更多国际商品和要素流向我国。这不仅有利于满足国内市场需求，也有利于提升我国供给体系质量和水平。畅通国内大循环，是构建以国内大循环为主体、国内国际双循环相互促进的新发展格局的首要方面。

（2）国内国际双循环

扩大内需和扩大开放并不矛盾。国内循环越顺畅，越能形成对全球资源要素的引力场，越有利于构建以国内大循环为主体、国内国际双循环相互促进的新发展格局，越有利于形成参与国际竞争和合作新优势。

新发展格局决不是封闭的国内循环，而是开放的国内国际双循环。构建新发展格局绝不是闭关内顾，而是要从供给和需求两端同时发力，全面畅通生产、分配、流通、消费各环节，在提高经济韧性和竞争力的同时，建设更高水平的开放型经济新体制。我国在世界经济中的地位将持续上升，同世界经济的联系会更加紧密，为其他国家提供的市场机会将更加广阔，成为吸引国际商品和要素资源的巨大引力场。

当前，全球大量新技术新产品需要寻求资本和市场进行转化。由于我们对新冠肺炎疫情防控得好，我国市场投资风险小，如果能抓住机遇、坚持扩大开放，以我国的产业链承接来自其他国家的创新链，同时吸引更多全球产业链相关企业落户我国、加入区域产业链集群，就可以助推我国企业创新能力的提高，进一步提升我国在全球产业链中的分量和份额，提升我国在全球竞争中的地位。

我们一方面加快构建完整的内需体系，满足国内个性化、多样化需求，通过国内市场良性循环促进我国经济平稳增长和高质量发展；另一方面通过经济增长带动世界经济复苏、促进国内经济大循环，就能形成国内国际双循环相互促进的新发展格局，形成参与国际经济合作和竞争的新优势。

在全球单边主义、保护主义抬头和新冠肺炎疫情冲击的大背景下，我国遵循共商共建共享原则，推动建设开放、联动、公正和更具包容性的世界经济体系，以高水平开放应对逆全球化，以超大市场的吸引力应对"脱钩论"，以国内大循环为主体、国内国际双循环相互促进的新发展格局推动全球各地、各国企业之间合理分工配置，既能为世界经济增长提供多方面的发展红利，又能为中国和世界共同繁荣带来新机遇。

中国是世界上最大的发展中国家，走的是和平发展、开放发展、合作发展、共同发展的道路。我们永远不称霸，不扩张，不谋求势力范围，无意跟任何国家打冷战热战，坚持以对话弥合分歧，以谈判化解争端。我们不追求一枝独秀，不搞你输我赢，也不会关起门来封闭运行，将逐步形成以国内大循环为主体、国内国际双循环相互促进的新发展格局，为中国经济发展开辟空间，为世界经济复苏和增长增添动力。

33.区域协调发展战略

党的十九届六中全会通过的《中共中央关于党的百年奋斗重大成就和历史经验的决议》指出:"党实施区域协调发展战略,促进京津冀协同发展、长江经济带发展、粤港澳大湾区建设、长三角一体化发展、黄河流域生态保护和高质量发展,高标准高质量建设雄安新区,推动西部大开发形成新格局,推动东北振兴取得新突破,推动中部地区高质量发展,鼓励东部地区加快推进现代化,支持革命老区、民族地区、边疆地区、贫困地区改善生产生活条件。"

我国幅员辽阔、人口众多,各地区自然资源禀赋差别之大在世界上是少有的,统筹区域发展从来都是一个重大问题。

新中国成立后,我国生产力布局经历过几次重大调整。"一五"时期,苏联援建的156项重点工程,有70%以上布局在北方,其中东北占了54项。后来,毛泽东在《论十大关系》中提出正确处理沿海工业和内地工业之间的关系,20世纪60年代中期开展"三线"建设。改革开放以后,我们实施了设立经济特区、开放沿海城市等一系列重大举措。20世纪90年代中后期以来,我们在继续鼓励东部地区率先发展的同时,相继作出实施西部大开发、振兴东北地区等老工业基地、促进中部地区崛起等重大战略决策。党的十八大以来,党中央提出了京津冀协同发展、长江经济带发展、共建"一带一路"、粤港澳大湾区建设、长三角一体化发展、黄河流域生态保护和高质量发展等新的区域发展战略。

当前,我国区域发展形势是好的,同时出现了一些值得关注的新情况新问题。一是区域经济发展分化态势明显。长三角、珠三角等地区已初步走上高质量发展轨道,一些北方省份增长放缓,全国经济重心进一步南移。各板块内部也出现明显分化，有的省份内部也有分化现象。二是发展动力极化现象日益突出。经济和人口向大城市及城市群集聚的趋势比较明显。北京、上海、广州、深圳、成都等超大城市发展优势不断增强，杭州、南京、武汉、郑州、西安等特大城市发展势头较好，形成推动高质量发展的区域增长极。三是部分区域发展面临较大困难。东北地区、西北地区发展相对滞后。一些城市特别是资源枯竭型城市、传统工矿区城市发展活力不足。

总的来看，我国经济发展的空间结构正在发生深刻变化，中心城市和城市群正在成为承载发展要素的主要空间形式。我们必须适应新形势，谋划区域协调发展新思路。

我国经济由高速增长阶段转向高质量发展阶段，对区域协调发展提出了新的要求。不能简单要求各地区在经济发展上达到同一水平，而是要根据各地区的条件，走合理分工、优化发展的路子。要形成几个能够带动全国高质量发展的新动力源，特别是京津冀、长三角、珠三角三大地区以及一些重要城市群。不平衡是普遍的，要在发展中促进相对平衡，这是区域协调发展的辩证法。

2019年8月26日，习近平总书记在中央财经委员会第五次会议上阐述了新形势下促进区域协调发展的总思路：按照客观经济规律调整完善区域政策体系，发挥各地区比较优势，促进各类要素合理流动和高效集聚，增强创新发展动力，加快构建高质量发展的动力系统，增强中心城市和城市群等经济发展优势区域的经济和人口承载能力，增强其他地区在保障粮食安全、生态安全、边疆安全等方面的功能，形成优势互补、高质量发展的区域经济布局。

34.西部大开发、东北振兴、中部崛起、东部现代化

（1）西部大开发战略

西部大开发的范围主要包括重庆、四川、贵州、云南、西藏、陕西、甘肃、青海、宁夏、新疆、内蒙古、广西12个省、自治区、直辖市等。整个西部地区国土面积约占全国国土总面积的71%。

1999年9月，党的十五届四中全会通过的决定提出，国家实施西部大开发战略。同年11月召开的中央经济工作会议也着重指出，要不失时机地实施西部大开发战略。

党的十八大以来，以习近平同志为核心的党中央高度重视西部大开发战略的实施。2019年3月19日，习近平总书记主持召开中央全面深化改革委员会第七次会议，审议通过了《关于新时代推进西部大开发形成新格局的指导意见》。2020年5月17日，《中共中央 国务院关于新时代推进西部大开发形成新格局的指导意见》发布。该指导意见确立的目标是，确保到2020年西部地区生态环境、营商环境、开放环境、创新环境明显改善，与全国一道全面建成小康社会；到2035年，西部地区基本实现社会主义现代化，基本公共服务、基础设施通达程度、人民生活水平与东部地区大体相当，努力实现不同类型地区互补发展、东西双向开放协同并进、民族边疆地区繁荣安全稳固、人与自然和谐共生。

（2）推动东北全方位振兴

东北地区是我国重要的工农业基地，维护国家国防安全、粮食安全、生态安全、能源安全、产业安全的战略地位十分重要。

党中央、国务院于2003年提出振兴东北地区等老工业基地战略。

党的十七大再次指出，要全面振兴东北地区等老工业基地。

东北地区建设现代化经济体系具备很好的基础条件，全面振兴不是把已经衰败的产业和企业硬扶持起来，而是要有效整合资源，主动调整经济结构，形成新的均衡发展的产业结构。要加强传统制造业技术改造，善于扬长补短，发展新技术、新业态、新模式，培育健康养老、旅游休闲、文化娱乐等新增长点。要促进资源枯竭地区转型发展，加快培育接续替代产业，延长产业链条。要加大创新投入，为产业多元化发展提供新动力。

2019年8月26日，习近平总书记在中央财经委员会第五次会议上指出："东北地区国有经济比重较高，要以改革为突破口，加快国有企业改革，让老企业焕发新活力。要打造对外开放新前沿，多吸引跨国企业到东北投资。开放方面国家可以给一些政策，但更重要的还是靠东北地区自己转变观念、大胆去闯。要加快转变政府职能，大幅减少政府对资源的直接配置，强化事中事后监管，给市场发育创造条件。要支持和爱护本地和外来企业成长，弘扬优秀企业家精神。东北振兴的关键是人才，要研究更具吸引力的措施，使沈阳、大连、长春、哈尔滨等重要城市成为投资兴业的热土。要加强对领导干部的正向激励，树立鲜明用人导向，让敢担当、善作为的干部有舞台、受褒奖。"

（3）中部地区高质量发展

促进中部地区崛起战略实施以来，特别是党的十八大以来，在以习近平同志为核心的党中央坚强领导下，中部地区经济社会发展取得重大成就，粮食生产基地、能源原材料基地、现代装备制造及高技术产业基地和综合交通运输枢纽地位更加巩固，经济总量占全国的比重进一步提高，科教实力显著增强，基础设施明显改善，社会事业全面发展，在国家经济社会发展中发挥了重要支撑作用。

2006年4月，中共中央、国务院印发《关于促进中部地区崛起的若干意见》。该意见提出，要把中部地区建设成全国重要的粮食生产基地、能源原材料基地、现代装备制造及高技术产业基地和综合交通运输枢纽。2012年8月，国务院印发《关于大力实施促进中部地区崛起战略的若干意见》，来推动中部地区经济社会又好又快发展。

2019年5月20日至22日，习近平总书记在江西考察并主持召开推动中部地区崛起工作座谈会。习近平总书记指出，推动中部地区崛起是党中央作出的重要决策。做好中部地区崛起工作，对实现全面建成小康社会奋斗目标、开启我国社会主义现代化建设新征程具有十分重要的意义。当前，中部地区崛起势头正劲，中部地区发展大有可为。要紧扣高质量发展要求，乘势而上，扎实工作，推动中部地区崛起再上新台阶。

2021年4月23日，中共中央、国务院印发《关于新时代推动中部地区高质量发展的意见》。该意见提出，到2025年，中部地区质量变革、效率变革、动力变革取得突破性进展，投入产出效益大幅提高，综合实力、内生动力和竞争力进一步增强。到2035年，中部地区现代化经济体系基本建成，产业整体迈向中高端，城乡区域协调发展达到较高水平，绿色低碳生产生活方式基本形成，开放型经济体制机制更加完善，人民生活更加幸福安康，基本实现社会主义现代化，共同富裕取得更为明显的实质性进展。

（4）东部地区加快推进现代化

2017年10月18日，习近平总书记在党的十九大报告中提出"创新引领率先实现东部地区优化发展"。"十四五"规划纲要明确提出,"鼓励东部地区加快推进现代化"。党的十九届六中全会再次强调,"鼓励东部地区加快推进现代化"。

2020年,东部地区生产总值525752亿元,比上年增长2.9%,占国内生产总值一半以上,增速比全国平均水平高出0.6个百分点。从渤海之滨到南海之隅,京津冀协同发展、粤港澳大湾区建设、长三角一体化发展、海南全面深化改革开放,多个重大发展战略在此密集交汇。积极发挥区域重大战略"叠加效应",建设现代化经济体系,推动高质量发展,东部地区焕发新活力、迈上新台阶。

35. 京津冀协同、长江经济带、粤港澳大湾区、长三角一体化

(1)京津冀协同发展战略

北京、天津、河北三地连在一起,同属京畿重地,历史上行政区划多有变动和交叉。三地共有人口1亿多,土地21.6万平方公里。京津冀地缘相接、文化一脉、历史渊源深厚、交往半径相宜。北京作为首都,发挥着极为重要的作用,天津、河北为首都的建设、发展和稳定作出了重要贡献。

2013年8月,习近平总书记在北戴河主持会议,研究河北发展问题时,提出推动京津冀协同发展。2014年2月16日,习近平总书记专题听取京津冀协同发展工作汇报,强调实现京津冀协同发展是重大国家战略,全面深刻阐述了京津冀协同发展战略的重大意义、推进思路和重点任务。2015年4月30日,中共中央政治局召开会议,审议通过《京津冀协同发展规划纲要》。该纲要指出,推动京津冀协同

发展是一个重大国家战略,核心是有序疏解北京非首都功能,要在京津冀交通一体化、生态环境保护、产业升级转移等重点领域率先取得突破。

北京的核心功能是"四个中心":全国政治中心、文化中心、国际交往中心、科技创新中心。

京津冀三地作为一个整体协同发展,要以疏解非首都核心功能、解决北京"大城市病"为基本出发点,调整优化城市布局和空间结构,构建现代化交通网络系统,扩大环境容量生态空间,推进产业升级转移,推动公共服务共建共享,加快市场一体化进程,打造现代化新型首都圈,努力形成京津冀目标同向、措施一体、优势互补、互利共赢的协同发展新格局。

(2)长江经济带发展战略

长江经济带覆盖沿江11省市,横跨我国东中西三大板块,人口规模和经济总量占据全国"半壁江山",生态地位突出,发展潜力巨大。长江是中华民族的生命河,也是中华民族发展的重要支撑。长江经济带发展的战略定位是坚持生态优先、绿色发展,共抓大保护,不搞大开发。

2016年3月25日,中共中央政治局召开会议,审议通过《长江经济带发展规划纲要》。2016年9月,《长江经济带发展规划纲要》正式印发。《纲要》设立了两大发展目标:到2020年,生态环境明显改善,创新驱动取得重大进展,战略性新兴产业形成规模,培育形成一批世界级的企业和产业集群;到2030年,水脉畅通、功能完备的长江全流域黄金水道全面建成,创新型现代产业体系全面建立,在全国经济社会发展中发挥更加重要的示范引领和战略支撑作用。

长江经济带在空间布局上提出"一轴、两翼、三极、多点"的新格局:"一轴"是指以长江黄金水道为依托,发挥上海、武汉、重庆的核心作用,以沿江主要城镇为节点;"两翼"是指发挥长江主轴线的辐射带动作用,向南北两侧腹地延伸拓展;"三极"是指以长江三角洲城市群、长江中游城市群、成渝城市群为主体。"多点"是指发挥三大城市群以外地级城市的支撑作用,以资源环境承载力为基础,不断完善城市功能,发展优势产业,建设特色城市,加强与中心城市的经济联系与互动,带动地区经济发展。

(3)粤港澳大湾区建设

粤港澳大湾区包括香港特别行政区、澳门特别行政区和广东省广州市、深圳市、珠海市、佛山市、惠州市、东莞市、中山市、江门市、肇庆市,总面积5.6万平方公里,是我国开放程度高、经济活力强的区域之一,在国家发展大局中具有重要战略地位。建设粤港澳大湾区,既是新时代推动形成全面开放新格局的新尝试,也是推动"一国两制"事业发展的新实践。

2019年2月,中共中央、国务院印发《粤港澳大湾区发展规划纲要》。该规划纲要是指导粤港澳大湾区当前和今后一个时期合作发展的纲领性文件。规划纲要近期至2022年,远期展望到2035年。到2022年,粤港澳大湾区综合实力显著增强,粤港澳合作更加深入广泛,区域内生发展动力进一步提升,发展活力充沛、创新能力突出、产业结构优化、要素流动顺畅、生态环境优美的国际一流湾区和世界级城市群框架基本形成。到2035年,大湾区形成以创新为主要支撑的经济体系和发展模式,经济实力、科技实力大幅跃升,国际竞争力、影响力进一步增强,等等。

香港、澳门融入国家发展大局，是"一国两制"的应有之义，是改革开放的时代要求，也是香港、澳门探索发展新路向、开拓发展新空间、增添发展新动力的客观要求。实施粤港澳大湾区建设，是我国立足全局和长远作出的重大谋划，也是保持香港、澳门长期繁荣稳定的重大决策。建设好大湾区，关键在创新。要在严格依照宪法和基本法框架内，发挥粤港澳综合优势，创新体制机制，促进要素流通。香港、澳门也要注意练好内功，着力培育经济增长新动力。

（4）长三角一体化发展战略

长三角是我国经济发展最活跃、开放程度最高、创新能力最强的区域之一，在全国经济中具有举足轻重的地位。把长三角一体化发展上升为国家战略是党中央作出的重大决策部署。

2018年11月5日，习近平主席在首届中国国际进口博览会上宣布，支持长江三角洲区域一体化发展并上升为国家战略。

2019年5月13日，中共中央政治局召开会议，会议审议的《长江三角洲区域一体化发展规划纲要》指出，长三角一体化发展具有极大的区域带动和示范作用，要紧扣"一体化"和"高质量"两个关键，带动整个长江经济带和华东地区发展，形成高质量发展的区域集群。

2019年12月1日，中共中央、国务院印发《长江三角洲区域一体化发展规划纲要》，这个规划纲要是指导长三角地区当前和今后一个时期一体化发展的纲领性文件。规划期至2025年，展望到2035年。到2025年，长三角一体化发展取得实质性进展。跨界区域、城市乡村等区域板块一体化发展达到较高水平，在科创产业、基础设施、生态环境、公共服务等领域基本实现一体化发展，全面建立一体化发展的体制机制。到2035年，长三角一体化发展达到较高水平。现代化经济体系基本建成，城乡区域差距明显缩小，公共服务水平趋于均衡，基础设施互联互通全面实现，人民基本生活保障水平大体相当，一体化发展体制机制更加完善，整体达到全国领先水平，成为最具影响力和带动力的强劲活跃增长极。

2020年8月20日，习近平总书记在安徽合肥主持召开扎实推进长三角一体化发展座谈会并发表重要讲话。习近平总书记指出，实施长三角一体化发展战略要紧扣一体化和高质量两个关键词，以一体化的思路和举措打破行政壁垒、提高政策协同，让要素在更大范围畅通流动，有利于发挥各地区比较优势，实现更合理分工，凝聚更强大的合力，促进高质量发展。

总的来说，长三角一体化发展战略实施以来，一体化发展新局面正在形成，正着力打造全国高质量发展样板区。

36. 推动高质量发展

2021年3月7日，习近平总书记在参加十三届全国人大四次会议青海代表团审议时强调，高质量发展是"十四五"乃至更长时期我国经济社会发展的主题，关系我国社会主义现代化建设全局。高质量发展不只是一个经济要求，而是对经济社会发展方方面面的总要求；不是只对经济发达地区的要求，而是所有地区发展都必须贯彻的要求；不是一时一事的要求，而是必须长期坚持的要求。各地区要结合实际情况，因地制宜、扬长补短，走出适合本地区实际的高质量发展之路。要始终把最广大人民根本利益放在心上，坚定不移增进民生福祉，把高质量发展同满足人民美好生活需要紧密结合起来，推动坚持生态优先、推动高质量发展、创造高品质生活有机结合、相得益彰。

党的十九大报告指出，我国经济已由高速增长阶段转向高质量发展阶段，正处在转变发展方式、优化经济结构、转换增长动力的攻关期，建设现代化经济体系是跨越关口的迫切要求和我国发展的战略目标。现在，我国经济结构出现重大变化，居民消费加快升级，创新进入活跃期，如果思维方式还停留在过去的老套路上，不仅难有出路，还会坐失良机。推动经济高质量发展，要把重点放在推动产业结构转型升级上，把实体经济做实做强做优。

2015年10月，党的十八届五中全会将"以提高发展质量和效益为中心，加快形成引领经济发展新常态的体制机制和发展方式"纳入"十三五"时期发展的指导思想。

2018年9月20日，中央全面深化改革委员会第四次会议审议通过了《关于推动高质量发展的意见》。会议指出，推动高质量发展是当前和今后一个时期确定发展思路、制定经济政策、实施宏观调控的根本要求，要加快创建和完善制度环境，协调建立高质量发展的指标体系、政策体系、标准体系、统计体系、绩效评价和政绩考核办法。要抓紧研究制定制造业、高技术产业、服务业以及基础设施、公共服务等重点领域高质量发展政策，把维护人民群众利益摆在更加突出位置，带动引领整体高质量发展。

"十四五"时期经济社会发展以推动高质量发展为主题，这是根据我国发展阶段、发展环境、发展条件变化作出的科学判断。我国仍处于并将长期处于社会主义初级阶段，我国仍然是世界上最大的发展中国家，发展仍然是我们党执政兴国的第一要务。必须强调的是，新时代新阶段的发展必须贯彻新发展理念，必须是高质量发展。当前，我国社会主要矛盾已经转化为人民日益增长的美好生活需要和不平衡不充分的发展之间的矛盾，发展中的矛盾和问题集中体现在发展质量上。这就要求我们必须把发展质量问题摆在更为突出的位置，着力提升发展质量和效益。

当今世界正经历百年未有之大变局，我国发展的外部环境日趋复杂。防范化解各类风险隐患，积极应对外部环境变化带来的冲击挑战，关键在于办好自己的事，提高发展质量，提高国际竞争力，增强国家综合实力和抵御风险能力，有效维护国家安全，实现经济行稳致远、社会和谐安定。经济、社会、文化、生态等各领域都要体现高质量发展的要求。

以推动高质量发展为主题，必须坚定不移贯彻新发展理念，以深化供给侧结构性改革为主线，坚持质量第一、效益优先，切实转变发展方式，推动质量变革、效率变革、动力变革，使发展成果更好惠及全体人民，不断实现人民对美好生活的向往。

37.建设现代化经济体系

国家强，经济体系必须强。只有形成现代化经济体系，才能更好顺应现代化发展潮流和赢得国际竞争主动，也才能为其他领域现代化提供有力支撑。我们要按照建设社会主义现代化强国的要求，加快建设现代化经济体系，确保社会主义现代化强国目标如期实现。

2018年1月30日，中共中央政治局就建设现代化经济体系进行第三次集体学习。习近平总书记主持学习，并全面系统地阐述了现代化经济体系。

建设现代化经济体系，这是党中央从党和国家事业全局出发，着眼于实现"两个一百年"奋斗目标、顺应中国特色社会主义进入新时代的新要求作出的重大决策部署。

建设现代化经济体系是一篇大文章,既是一个重大理论命题,更是一个重大实践课题,需要从理论和实践的结合上进行深入探讨。建设现代化经济体系是我国发展的战略目标,也是转变经济发展方式、优化经济结构、转换经济增长动力的迫切要求。

现代化经济体系又分几个子体系,是由社会经济活动各个环节、各个层面、各个领域的相互关系和内在联系构成的一个有机整体。我们要建设创新引领、协同发展的产业体系,建设统一开放、竞争有序的市场体系,建设体现效率、促进公平的收入分配体系,建设彰显优势、协调联动的城乡区域发展体系,建设资源节约、环境友好的绿色发展体系,建设多元平衡、安全高效的全面开放体系。要建设充分发挥市场作用、更好发挥政府作用的经济体制,实现市场机制有效、微观主体有活力、宏观调控有度。这几个子体系是统一整体,要一体建设、一体推进。我们建设的现代化经济体系,要借鉴发达国家有益做法,更要符合中国国情、具有中国特色。

建设现代化经济体系,需要扎实管用的政策举措和行动。

一是要大力发展实体经济,筑牢现代化经济体系的坚实基础。实体经济是一国经济的立身之本,是财富创造的根本源泉,是国家强盛的重要支柱。要深化供给侧结构性改革,加快发展先进制造业,推动互联网、大数据、人工智能同实体经济深度融合,推动资源要素向实体经济集聚、政策措施向实体经济倾斜、工作力量向实体经济加强,营造脚踏实地、勤劳创业、实业致富的发展环境和社会氛围。

二是要加快实施创新驱动发展战略,强化现代化经济体系的战略支撑，加强国家创新体系建设，强化战略科技力量，推动科技创新和经济社会发展深度融合，塑造更多依靠创新驱动、更多发挥先发优势的引领型发展。

三是要积极推动城乡区域协调发展，优化现代化经济体系的空间布局，实施好区域协调发展战略，推动京津冀协同发展和长江经济带发展，同时协调推进粤港澳大湾区发展。乡村振兴是一盘大棋，要把这盘大棋走好。

四是要着力发展开放型经济，提高现代化经济体系的国际竞争力，更好利用全球资源和市场，继续积极推进"一带一路"框架下的国际交流合作。

五是要深化经济体制改革，完善现代化经济体系的制度保障，加快完善社会主义市场经济体制，坚决破除各方面体制机制弊端，激发全社会创新创业活力。

38. 提升产业链供应链现代化水平

产业链供应链安全稳定是构建新发展格局的基础。2020年7月21日，习近平总书记在企业家座谈会上的讲话中强调："在当前保护主义上升、世界经济低迷、全球市场萎缩的外部环境下，我们必须充分发挥国内超大规模市场优势，通过繁荣国内经济、畅通国内大循环为我国经济发展增添动力，带动世界经济复苏。要提升产业链供应链现代化水平，大力推动科技创新，加快关键核心技术攻关，打造未来发展新优势。"

产业链供应链在关键时刻不能掉链子，这是大国经济必须具备的重要特征。新冠肺炎疫情是一次实战状态下的压力测试。我国完备的产业体系、强大的动员组织和产业转换能力，为疫情防控提供了重要物质保障。为保障我国产业安全和国家安全，要着力打造自主可控、安全可靠的产业链供应链，力争重要产品和供应渠道都至少有一个替代来源，形成必要的产业备份系统。

提升产业链供应链现代化水平，就要全面加大科技创新和进口替代力度。2020年4月10日，习近平总书记在中央财经委员会第七次会议上强调，一是要拉长长板，巩固提升优势产业的国际领先地位，锻造一些"杀手锏"技术，持续增强高铁、电力装备、新能源、通信设备等领域的全产业链优势，提升产业质量，拉紧国际产业链对我国的依存关系，形成对外方人为断供的强有力反制和威慑能力。二是要补齐短板，就是要在关系国家安全的领域和节点构建自主可控、安全可靠的国内生产供应体系，在关键时刻可以做到自我循环，确保在极端情况下经济正常运转。

提升产业链供应链现代化水平，就要强化创新链、产业链、价值链整合。例如，美国的"文泰来"联盟。"文泰来"联盟，即Wintel联盟，Wintel就是Windows和Intel的合写。20世纪80年代至90年代，微软和英特尔强强联合，微软的视窗操作系统只配对英特尔的芯片，两者进行最佳结合、协同更新，最终拉动了整个产业。在强大的"文泰来"联盟面前，任何一个电脑厂商都只能做一个"打工者"。我们的企业要有竞争意识，更要有合作意识，尤其是国际竞争上，要能形成强强联合的优势。

我们必须维护产业链供应链的全球公共产品属性，坚决反对把产业链供应链政治化、武器化。在国际经贸谈判中，要推动形成维护全球产业链供应链安全、消除非经济因素干扰的国际共识和准则，力争通过国际合作阻止打击全球产业链供应链的恶劣行为。2020年11月

19日，习近平主席在亚太经合组织工商领导人对话会上的主旨演讲中强调："我们将更加积极地参与国际分工，更加有效地融入全球产业链、供应链、价值链，更加主动地扩大对外交流合作。凡是愿同中国合作的国家、地区、企业，我们都会积极开展合作。"

我国不仅是全球生产网络的重要一环，也是诸多制造业全球供应链的中心，还是超大规模消费市场。尽管有个别国家借疫情之机炒作经济"脱钩"、鼓噪产业转移，甚至试图切断全球产业链供应链，但任何违背时代潮流和经济规律的倒行逆施，最终都不可能得逞。我们需要通过准确把握产业链供应链区域化、本土化、多元化、数字化转型的新趋势，巩固拉长产业链供应链长板。还需要吸取发达国家产业"空心化"教训，在推动发展服务业的同时，着力保持制造业比重基本稳定，打造新兴产业链，推动传统产业高端化、智能化、绿色化变革，由点及线、由线及面、点面结合推动提升产业链水平。

39. 中国制造2025

制造业是物质财富的主要创造者，是人民生活水平提高的基础，是一个国家经济社会发展的根基所在。概言之，制造业是立国之本、强国之基、兴国之器。我们在国家层面提出"中国制造2025"，在实体经济领域大力发展制造业。2015年5月19日，国务院正式印发《中国制造2025》。

联合国贸易和发展会议发布的《世界投资报告2018》指出，为应对新工业革命的机遇与挑战，在过去10年中，发达国家和发展中国家至少有101个经济体（占全球GDP的90%以上）出台了正式的产业发展战略。《中国制造2025》也是在这样的背景下，结合中国实际制定出台的。

新中国成立70多年来，特别是改革开放40多年来，中国经济发展取得举世瞩目的伟大成就，中国成为世界第二大经济体以及制造业、货物贸易、外汇储备第一大国。2010年，我国制造业规模超过美国，居世界第一。我们用几十年时间走完了发达国家几百年走过的发展历程，创造了世界发展的奇迹。

目前，我国已经成为制造业体系最为完备的国家之一。在联合国工业大类目录中，中国是世界上唯一拥有所有工业门类制造能力的国家，中国500种主要工业品中有220多种产品产量位居全球第一，有些产品的技术水平已居世界前列。同时，我国制造业进出口量很大，成为很多国家的重要贸易伙伴。相比而言，美国的制造业发达，但其制造业比重在下降。欧洲一些国家的制造业也发达，但受制于国土面积和人口数量，单个国家不可能拥有完整的制造业体系。

我国现在是工业大国，还不是工业强国；是制造大国，还不是制造强国。根据中国工程院对世界主要国家制造业的深入研究，美国综合实力遥遥领先，处于第一方阵；德国、日本紧随其后，处于第二方阵；我国则与英国、法国、韩国一同属于第三方阵。

2017年4月20日，习近平总书记在广西考察时指出："一个国家一定要有正确的战略选择，我国是个大国，必须发展实体经济，不断推进工业现代化、提高制造业水平，不能脱实向虚。"在当今的资本市场，有些资本更青睐"来钱快"的金融业，不愿意做见效慢的制造业，脱实向虚对中国制造业发展极为不利。中国的发展要防止"过早去工业化"，"过早去工业化"实质是没有实现生产要素组合的高级突破性变化，而工业化进程却被中断。今天的中国，还需要完成自己的工业化进程，推动工业化和信息化、智能化融合发展，实现中国制造的转型升级。

《中国制造2025》是一个开放的体系，对内资外资具有普遍适用性。《中国制造2025》是一个引导性、愿景性的文件，也是一个坚持市场主导、开放包容的发展规划，中国欢迎外国企业参与《中国制造2025》。2017年发布的《国务院关于扩大对外开放积极利用外资若干措施的通知》明确提出，外商投资企业和内资企业同等适用于《中国制造2025》政策。《中国制造2025》实施以来，包括美国企业在内的许多外国企业均已参与到相关的项目建设中来。

40.加强新型基础设施建设

基础设施包括交通、能源、水利等传统基础设施和以第五代移动通信、工业互联网、大数据中心等为代表的新型基础设施，在经济社会发展全局中具有先导性、基础性、战略性作用。

中国高铁、中国高速、中国路桥等享誉世界，中国制造的速度、质量、科技含量获得越来越大的世界认同。到2019年底，我国高速铁路营业里程、高速公路通车里程、城市轨道交通运营里程、港口万吨级及以上泊位数、电力装机容量、电网规模、第四代移动通信网络规模等均居世界第一。服务能力持续提升，铁路客货运量及周转量、公路客货运量及周转量、水路客货运量及周转量、移动通信用户数、互联网上网人数均居世界第一。我国基础设施建设成绩斐然，但也存在一些突出短板。比如，基础设施在全国区域间、城乡间发展尚不平衡，城市群、都市圈互联互通水平还不高，水利基础设施建设仍相对滞后，交通综合运输能力也相对薄弱，基础设施绿色安全发展水平有待提高，等等。我们需要有针对性地加强基础设施建设，补齐这些短板。

2018年12月的中央经济工作会议把5G、人工智能、工业互联网、物联网定义为"新型基础设施建设"。会议强调,我国发展现阶段投资需求潜力仍然巨大,要发挥投资关键作用,加大制造业技术改造和设备更新,加快5G商用步伐,加强人工智能、工业互联网、物联网等新型基础设施建设,加大城际交通、物流、市政基础设施等投资力度,补齐农村基础设施和公共服务设施建设短板,加强自然灾害防治能力建设。2020年4月1日,习近平总书记在浙江考察时强调,要抓住产业数字化、数字产业化赋予的机遇,加快5G网络、数据中心等新型基础设施建设,抓紧布局数字经济、生命健康、新材料等战略性新兴产业、未来产业,大力推进科技创新,着力壮大新增长点、形成发展新动能。

新型基础设施是以信息网络为核心基础,综合集成物联网、云计算、大数据、人工智能、区块链等新一代信息技术,面向社会生产生活的广泛需要而提供感知、传输、存储、计算、处理等数字能力的新一代信息通信基础设施,也是制造强国、质量强国、网络强国、数字强国建设的重要组成部分和支撑基础。

"十三五"期间,我国已经建成全球规模最大的第四代移动通信和光纤宽带,第五代移动通信正在进入商用部署。截至2020年9月,我国已建成开通第五代移动通信基站69万个,连接用户数超过1.6亿。我国互联网数据中心规模也实现持续增长,并向规模化、大型化发展,云数据中心占比逐年提高,同大数据、物联网、人工智能等融合发展的新一代云计算平台设施正在加速构建,云计算平台融合服务能力持续提升。在"十四五"时期积极推进新型基础设施建设,有助于加快我国经济社会各领域数字化发展。

基础设施是经济社会发展的重要支撑，要以整体优化、协同融合为导向，统筹存量和增量、传统和新型基础设施发展，打造集约高效、经济适用、智能绿色、安全可靠的现代化基础设施体系。

五

坚持创新在现代化建设全局中的核心地位

党的十九大确立了到2035年跻身创新型国家前列的战略目标，党的十九届五中全会提出了坚持创新在我国现代化建设全局中的核心地位，把科技自立自强作为国家发展的战略支撑。立足新发展阶段、贯彻新发展理念、构建新发展格局、推动高质量发展，必须深入实施科教兴国战略、人才强国战略、创新驱动发展战略，完善国家创新体系，加快建设科技强国，实现高水平科技自立自强。

——习近平在中国科学院第二十次院士大会、中国工程院第十五次院士大会、中国科协第十次全国代表大会上的讲话，2021年5月28日

41.科技强则国家强

2016年5月30日,习近平总书记在全国科技创新大会、两院院士大会、中国科协第九次全国代表大会上的讲话中指出,科技革命总是能够深刻改变世界发展格局。16、17世纪的科学革命标志着人类知识增长的重大转折。18世纪出现了蒸汽机等重大发明,成就了第一次工业革命,开启了人类社会现代化历程。19世纪,科学技术突飞猛进,催生了由机械化转向电气化的第二次工业革命。20世纪前期,量子论、相对论的诞生形成了第二次科学革命,继而发生了信息科学、生命科学变革,基于新科学知识的重大技术突破层出不穷,引发了以航空、电子技术、核能、航天、计算机、互联网等为里程碑的技术革命,极大提高了人类认识自然、利用自然的能力和社会生产力水平。一些国家抓住科技革命的难得机遇,实现了经济实力、科技实力、国防实力迅速增强,综合国力快速提升。

科学技术从来没有像今天这样深刻影响着国家前途命运,从来没有像今天这样深刻影响着人民生活福祉。

2020年9月22日,习近平总书记在教育文化卫生体育领域专家代表座谈会上的讲话中指出:"提升自主创新能力,尽快突破关键核心技术,是构建新发展格局的一个关键问题。"党的十九届五中全会在谋划"十四五"时期发展路径时,作出了一系列规划,把"创新"放在首位来强调。全会提出"坚持创新在我国现代化建设全局中的核心地位,把科技自立自强作为国家发展的战略支撑",强调深入实施科教兴国战略、人才强国战略、创新驱动发展战略,完善国家创新体系,加快建设科技强国。当今世界正经历百年未有之大变局,科技创新是其中一个关键变量。我们要善于在危机中育先机、于变局中开新局，必须向科技创新要答案。

近年来，我国科技事业发展取得很大成就，科技创新能力显著提升，但我国科技发展水平特别是关键核心技术创新能力同国际先进水平相比还有很大差距，同实现"两个一百年"奋斗目标的要求还很不适应。

2020年9月11日，习近平总书记在科学家座谈会上的讲话中指出，当前，我国经济社会发展、民生改善、国防建设面临许多需要解决的现实问题。比如，农业方面，很多种子大量依赖国外，农产品种植和加工技术相对落后，一些地区农业面源污染、耕地重金属污染严重。工业方面，一些关键核心技术受制于人，部分关键元器件、零部件、原材料依赖进口。能源资源方面，石油对外依存度达到70%以上，油气勘探开发、新能源技术发展不足；水资源空间分布失衡，带来不少问题。社会方面，我国人口老龄化程度不断加深，人民对健康生活的要求不断提升，生物医药、医疗设备等领域科技发展滞后问题日益凸显。对能够快速突破、及时解决问题的技术，要抓紧推进；对属于战略性、需要久久为功的技术，要提前部署。

现在，我国经济社会发展和民生改善比过去任何时候都更加需要科学技术解决方案，都更加需要增强创新这个第一动力。同时，在激烈的国际竞争面前，在单边主义、保护主义上升的大背景下，我们必须走出适合国情的创新路子，特别是要把原始创新能力提升摆在更加突出的位置，努力实现更多"从0到1"的突破。

我们需要面向世界科技前沿、面向经济主战场、面向国家重大需求、面向人民生命健康，加强基础研究和应用基础研究，打好关键核心技术攻坚战，加速科技成果向现实生产力转化，提升产业链水平，为确保全国产业链供应链稳定多作新贡献。

42.打赢关键核心技术攻坚战

2021年5月28日,习近平总书记在中国科学院第二十次院士大会、中国工程院第十五次院士大会、中国科协第十次全国代表大会上的讲话中发出号召:"加强原创性、引领性科技攻关,坚决打赢关键核心技术攻坚战。"中国日益走近世界舞台的中央,但登顶阶段的路往往更难走,这不仅在于路本身更险峻,还在于有反华势力使各种绊子,在关键核心技术上"卡脖子"。关键核心技术受制于人是我们最大的隐患,在别人的墙基上砌房子,再大再漂亮也经不起风雨。在国际上,没有关键核心技术的优势就没有政治上的强势。关键核心技术是一个国家的"定海神针""不二法器",是不可轻易示人的国之利器,花钱买不来的、市场换不到的,只能自力更生、自主创新。

关键核心技术攻坚战从哪里突破?基础研究是整个科学体系的源头。关键核心技术的根源问题是基础研究问题,基础研究搞不好,应用技术就会成为无源之水、无本之木。我国基础科学研究短板依然突出,重大原创性成果缺乏,底层基础技术、基础工艺能力不足。我国面临的很多"卡脖子"技术问题,根子是基础理论研究跟不上,源头和底层的东西没有搞清楚,加强基础研究是科技自立自强的必然要求。基础研究要着眼未来,勇于探索、突出原创,推进对宇宙演化、意识本质、物质结构、生命起源等的探索和发现,拓展认识自然的边界,开辟新的认知疆域。基础研究更要应用牵引、突破瓶颈,从经济社会发展和国家安全面临的实际问题中凝练科学问题,弄通"卡脖子"技术的基础理论和技术原理。在基础研究上,我们要抓住大趋势,下好"先手棋",打好主动仗,能坐冷板凳,十年磨剑,潜心研究,实现前瞻性基础研究、引领性原创成果重大突破,夯实世界科技强国建设的根基。

坚持问题导向，面向现实需求，奔着最紧急、最紧迫的问题去。恩格斯说："社会一旦有技术上的需要，则这种需要就会比十所大学更能把科学推向前进。"近年来，我国在互联网核心技术上被外国"卡脖子"，"缺芯少魂"成为国人之痛。我们要从国家急迫需要和长远需求出发，紧贴新时代社会民生现实需求，在关键核心技术上全力攻坚，加快自主创新成果转化应用，把科技成果充分应用到现代化事业中。

勇创"无人区"，努力实现更多"从0到1"的突破。今天，我国的重大创新成果竞相涌现，一些前沿领域开始进入并跑、领跑阶段，科技实力正在从量的积累迈向质的飞跃，从点的突破迈向系统能力提升。也就是说，有的领域，我们已经踏进了"无人区"，科技发展亦如"逆水行舟，不进则退"，如果我们在"无人区"的入口沾沾自喜或是畏缩不前，我们就会在这个领域被后进者超越，失去优势。广大科技工作者要树立敢为天下先的雄心壮志，直面问题，迎难而上，敢于走前人没走过的路，勇于挑战最前沿的科学问题，力争在重要科技领域成为领跑者、在新兴前沿交叉领域成为开拓者，抢占世界科技发展的制高点。尤其要把提升原始创新能力摆在突出位置，持之以恒地深入研究，推出更多国际领先的原创性成果。

"日日行，不怕千万里；常常做，不怕千万事。"关键核心技术研发攻坚战是一场硬仗，还是一场持久战，我们要把冲锋号吹起来、把集合号吹起来，久久为功，接续奋斗，我们的科技强国必将取得越来越大的辉煌战绩。

43. 创新驱动发展战略

党的十九届六中全会通过的《中共中央关于党的百年奋斗重大成就和历史经验的决议》强调:"创新是一个国家、一个民族发展进步的不竭动力。越是伟大的事业,越充满艰难险阻,越需要艰苦奋斗,越需要开拓创新。"

2016年5月30日,习近平总书记在全国科技创新大会、两院院士大会、中国科协第九次全国代表大会上的讲话中指出,纵观人类发展历史,创新始终是一个国家、一个民族发展的重要力量,也始终是推动人类社会进步的重要力量。不创新不行,创新慢了也不行。如果我们不识变、不应变、不求变,就可能陷入战略被动,错失发展机遇,甚至错过整整一个时代。实施创新驱动发展战略,是应对发展环境变化、把握发展自主权、提高核心竞争力的必然选择,是加快转变经济发展方式、破解经济发展深层次矛盾和问题的必然选择,是更好引领我国经济发展新常态、保持我国经济持续健康发展的必然选择。

创新驱动发展战略是中央在新的发展阶段确立的立足全局、面向全球、聚焦关键、带动整体的国家重大发展战略。

2012年,党的十八大把"实施创新驱动发展战略"作为"加快完善社会主义市场经济体制和加快转变经济发展方式"的重要内容和措施之一。强调要坚持走中国特色自主创新道路,以全球视野谋划和推动创新,提高原始创新、集成创新和引进消化吸收再创新能力,更加注重协同创新。2015年3月13日,中共中央、国务院印发《关于深化体制机制改革加快实施创新驱动发展战略的若干意见》。2016年1月18日,中共中央、国务院又印发《国家创新驱动发展战略纲要》。党的十九大报告要求加快建设创新型国家,强调创新是引领发展的第一动力,是建设现代化经济体系的战略支撑。

创新驱动就是创新成为引领发展的第一动力,科技创新与制度创新、管理创新、商业模式创新、业态创新和文化创新相结合,推动发展方式向依靠持续的知识积累、技术进步和劳动力素质提升转变,促进经济向形态更高级、分工更精细、结构更合理的阶段演进。

创新强则国运昌,创新弱则国运殆。我国近代落后挨打的重要原因是与历次科技革命失之交臂,导致科技弱、国力弱。全球新一轮科技革命、产业变革和军事变革加速演进,科学探索从微观到宏观各个尺度上向纵深拓展,以智能、绿色、泛在为特征的群体性技术革命将引发国际产业分工重大调整,颠覆性技术不断涌现,正在重塑世界竞争格局、改变国家力量对比,创新驱动成为许多国家谋求竞争优势的核心战略。我国经济发展进入新常态,传统发展动力不断减弱,粗放型增长方式难以为继。必须依靠创新驱动打造发展新引擎,培育新的经济增长点,持续提升我国经济发展的质量和效益,开辟我国发展的新空间,实现经济保持中高速增长和产业迈向中高端水平"双目标"。

创新驱动发展的战略目标分"三步走":第一步,到2020年进入创新型国家行列,基本建成中国特色国家创新体系。第二步,到2030年跻身创新型国家前列,发展驱动力实现根本转换,经济社会发展水平和国际竞争力大幅提升。第三步,到2050年建成世界科技创新强国,成为世界主要科学中心和创新高地。

实现创新驱动是一个系统性的变革,要按照"坚持双轮驱动、构建一个体系、推动六大转变"进行布局,构建新的发展动力系统。一个体系就是建设国家创新体系。六大转变就是发展方式从以规模扩张为主导的粗放式增长向以质量效益为主导的可持续发展转变;发展要素从传统要素主导发展向创新要素主导发展转变;产业分工从价值链中低端向价值链中高端转变；创新能力从"跟踪、并行、领跑"并存、"跟踪"为主向"并行""领跑"为主转变；资源配置从以研发环节为主向产业链、创新链、资金链统筹配置转变；创新群体从以科技人员的小众为主向小众与大众创新创业互动转变。紧紧围绕经济竞争力提升的核心关键、社会发展的紧迫需求、国家安全的重大挑战，采取差异化策略和非对称路径，强化重点领域和关键环节的任务部署。

44. 深入实施科教兴国战略

新中国成立之初，1949年12月即召开第一次全国教育工作会议，提出教育必须为国家建设服务，学校必须为工农开门。1956年，周恩来代表党中央发出"向科学进军"的号召。国务院成立科学规划委员会，编制了《1956—1967年科学技术发展远景规划》。"文化大革命"结束后，邓小平当起科教事业的"后勤部长"，科技、教育迎来了春天。1995年5月6日，中共中央、国务院颁布了《关于加速科学技术进步的决定》，首次提出在全国实施科教兴国的战略。

科教兴国，是指全面落实科学技术是第一生产力的思想，坚持教育为本，把科技和教育摆在经济社会发展的重要位置，增强国家的科技实力及向现实生产力转化的能力，提高全民族的科技文化素质，把经济建设转到依靠科技进步和提高劳动者素质的轨道上来，加速实现国家繁荣强盛。

1996年3月，八届全国人大四次会议正式批准的《中华人民共和国国民经济和社会发展"九五"计划和2010年远景目标纲要》，将科教兴国作为一条重要的指导方针和发展战略上升为国家意志。1997年，党的十五大进一步明确了将科教兴国战略作为我国经济发展的战略之一。

2006年，党中央、国务院再次召开全国科学技术大会，胡锦涛发表重要讲话，部署实施《国家中长期科学和技术发展规划纲要（2006—2020年）》，动员全党全社会为建设创新型国家而努力奋斗。2012年，党中央、国务院召开全国科技创新大会，号召我国科技界奋力创新、为全面建成小康社会提供有力科技支撑。

2016年5月30日，习近平总书记在全国科技创新大会、两院院士大会、中国科协第九次全国代表大会上的讲话中指出："我们要深入贯彻新发展理念，深入实施科教兴国战略和人才强国战略，深入实施创新驱动发展战略，统筹谋划，加强组织，优化我国科技事业发展总体布局。"

科研院所和研究型大学是我国科技发展的主要基础所在，也是科技创新人才的摇篮。要优化科研院所和研究型大学科研布局。科研院所要根据世界科技发展态势，优化自身科技布局，厚实学科基础，培育新兴交叉学科生长点，重点加强共性、公益、可持续发展相关研究，增加公共科技供给。研究型大学要加强学科建设，重点开展自由探索的基础研究。要加强科研院所和高校合作，使目标导向研究和自由探索相互衔接、优势互补，形成教研相长、协同育人新模式，打牢我国科技创新的科学和人才基础。

2020年9月22日，习近平总书记在教育文化卫生体育领域专家代表座谈会上的讲话中指出，提升自主创新能力，尽快突破关键核心技术，是构建新发展格局的一个关键问题。我国高校要勇挑重担，释放高校基础研究、科技创新潜力，聚焦国家战略需要，瞄准关键核心技术特别是"卡脖子"问题，加快技术攻关。要支持"双一流"建设高校加强科技创新工作，依托高水平大学布局建设一批研究设施，推进产学研一体化。要深化高校人才队伍建设改革，建设高素质教师队伍，培养更多一流人才。要立足服务国家区域发展战略，优化区域教育资源配置，加快形成点线面结合、东中西呼应的教育发展空间格局，提升教育服务区域发展战略水平。

45.深入实施新时代人才强国战略

我们党始终重视培养人才、团结人才、引领人才、成就人才，团结和支持各方面人才为党和人民事业建功立业。2002年5月，中共中央办公厅、国务院办公厅印发《2002—2005年全国人才队伍建设规划纲要》，提出实施人才强国战略。2003年12月，党中央召开全国人才工作会议，对人才工作进行全面部署，推动实施人才强国战略，会议讨论通过了《中共中央 国务院关于进一步加强人才工作的决定》。2006年3月，"十一五"规划纲要明确提出，推进人才强国战略，促进人口大国向人力资本强国转变，为全面建设小康社会、加快推进社会主义现代化提供人才支撑。党的十七大将人才强国战略与科教兴国战略、可持续发展战略确立为经济社会发展的三大国家战略，并写进了党章。

党的十九届五中全会明确了到2035年我国进入创新型国家前列、建成人才强国的战略目标。做好新时代人才工作，必须坚持党管人才，坚持面向世界科技前沿、面向经济主战场、面向国家重大需求、面向人民生命健康，深入实施新时代人才强国战略，全方位培养、引进、用好人才，加快建设世界重要人才中心和创新高地，为2035年基本实现社会主义现代化提供人才支撑，为2050年全面建成社会主义现代化强国打好人才基础。

五、坚持创新在现代化建设全局中的核心地位

当前，我国进入了全面建设社会主义现代化国家、向第二个百年奋斗目标进军的新征程，我们比历史上任何时期都更加接近实现中华民族伟大复兴的宏伟目标，也比历史上任何时期都更加渴求人才。实现我们的奋斗目标，高水平科技自立自强是关键。综合国力竞争说到底是人才竞争。人才是衡量一个国家综合国力的重要指标。人才是自主创新的关键，顶尖人才具有不可替代性。国家发展靠人才，民族振兴靠人才。我们必须增强忧患意识，更加重视人才自主培养，加快建立人才资源竞争优势。

2021年9月27日，习近平总书记在中央人才工作会议上发表重要讲话，该讲话从党和国家事业发展全局的高度，科学回答了新时代人才工作的一系列重大理论和实践问题，为做好新时代人才工作指明了前进方向，提供了根本遵循。全面贯彻新时代人才强国战略，就要做到"八个坚持"：

一是坚持党对人才工作的全面领导。这是做好人才工作的根本保证。

二是坚持人才引领发展的战略地位。这是做好人才工作的重大战略。

三是坚持面向世界科技前沿、面向经济主战场、面向国家重大需求、面向人民生命健康。这是做好人才工作的目标方向。

四是坚持全方位培养用好人才。这是做好人才工作的重点任务。

五是坚持深化人才发展体制机制改革。这是做好人才工作的重要保障。

六是坚持聚天下英才而用之。这是做好人才工作的基本要求。

七是坚持营造识才爱才敬才用才的环境。这是做好人才工作的社会条件。

八是坚持弘扬科学家精神。这是做好人才工作的精神引领和思想保证。

以上八条，是我们对我国人才事业发展规律性认识的深化，要始终坚持并不断丰富发展。

46.发挥新型举国体制优势

2021年5月28日，习近平总书记在中国科学院第二十次院士大会、中国工程院第十五次院士大会、中国科协第十次全国代表大会上的讲话中指出，"要健全社会主义市场经济条件下新型举国体制，充分发挥国家作为重大科技创新组织者的作用"。通览习近平总书记关于科技创新的重要讲话，"关键核心技术攻关新型举国体制"被多次强调。党的十九届五中全会通过的《中共中央关于制定国民经济和社会发展第十四个五年规划和二〇三五年远景目标的建议》也明确指出：健全社会主义市场经济条件下新型举国体制，打好关键核心技术攻坚战。

举国体制，体现的是社会主义制度能够集中力量办大事的优越性。我国是中国共产党领导的社会主义国家，我们党来自人民、植根人民、服务人民，也得到人民的衷心拥护和支持，具有强大的社会动员能力和资源整合能力。新中国成立初期，为了迅速改变"一穷二白"面貌，我国逐步形成了集中力量办大事的举国体制。在举国体制推动下，我国展开了热火朝天的社会主义建设，在一些重要工程、重大项目上取得辉煌成就。比如，我们曾倾举国之力，自力更生，勒紧裤腰带、咬紧牙关，创造了"两弹一星"奇迹。

在2016年的全国科技创新大会、两院院士大会、中国科协第九次全国代表大会上,习近平总书记指出:"我们最大的优势是我国社会主义制度能够集中力量办大事。这是我们成就事业的重要法宝。过去我们取得重大科技突破依靠这一法宝,今天我们推进科技创新跨越也要依靠这一法宝,形成社会主义市场经济条件下集中力量办大事的新机制。"这种新机制是什么?就是习近平总书记后来多次提到的新型举国体制。举国体制在我国发展不同阶段,会呈现不同的形式,也将承担不同的历史使命,发挥不同的历史作用。都是举国家的人力、物力、财力实现国家的长远规划、重大项目,传统举国体制政府计划色彩浓厚,新型举国体制则强调将政府、市场与社会有机地结合起来,科学统筹、集中力量、优化机制、协同攻关,是我们攻克关键核心技术、完成重大课题的工作体系和运行机制。

发挥新型举国体制优势,就要从国家急迫需要和长远需求出发,聚焦关键核心技术,坚持自主创新,把拳头攥紧,坚持不懈做下去,从而取得重大突破。在新型举国体制的推动下,我们近年来的科技攻关取得举世瞩目的成绩。2019年,嫦娥四号实现人类航天器首次在月球背面巡视探测,习近平总书记在会见嫦娥四号任务参研参试人员代表时指出,嫦娥四号的成功"是探索建立新型举国体制的又一生动实践"。2020年,嫦娥五号首次实现了我国地外天体采样返回,习近平总书记发贺电称赞"这是发挥新型举国体制优势攻坚克难取得的又一重大成就"。从北斗卫星导航系统的布局到航空航天技术的突破,从"嫦娥工程"的稳步前进到"中国天眼"的落成启用,新型举国体制优势在我国科技攻关上的作用得到越来越充分的彰显。

发挥新型举国体制优势,不是国家大包大揽,而是将政府力量和市场机制有机结合。习近平总书记指出:"要推动有效市场和有为政府更好结合,充分发挥市场在资源配置中的决定性作用,通过市场需求引导创新资源有效配置，形成推进科技创新的强大合力。"在重大科技创新上，国家要充分发挥好组织者的作用，支持周期长、风险大、难度高、前景好的战略性科学计划和科学工程，抓系统布局、系统组织、跨界集成，把政府、市场、社会等各方面力量拧成一股绳，最大限度地激发各类创新主体的潜能、释放各类创新主体的活力。

发挥新型举国体制优势，不是闭门造车，而是要加强国际科技合作，反对科技"脱钩"。在经济全球化时代，开放融通是不可阻挡的历史趋势，人为"筑墙""脱钩"违背经济规律和市场规则，损人不利己。动不动就搞"脱钩"、断供、制裁，人为造成相互隔离甚至隔绝，只能把世界推向分裂甚至对抗。科学技术具有世界性、时代性，是人类共同的财富。我们强调自主创新，但不拒绝任何新技术。我们要更加主动地融入全球创新网络，在开放合作中提升自身科技创新能力。越是面临封锁打压，越不能搞自我封闭、自我隔绝，实施更加开放包容、互惠共享的国际科技合作战略，使科技创新成果造福中国、普惠世界。

"积力之所举，则无不胜也；众智之所为，则无不成也。"科技强国任重而道远，充分发挥新型举国体制优势，我们的科技必将取得越来越大的突破，我们的国家必将更加强盛，我们的事业必将更加辉煌。

47.做强做优做大我国数字经济

数字经济就是以数据为关键生产要素、以现代信息网络为主要载体、以数字技术应用为主要特征的经济形态。近年来，互联网、大数据、云计算、人工智能、区块链等技术加速创新，日益融入经济社会发展各领域全过程，数字经济发展速度之快、辐射范围之广、影响程度之深前所未有，正在成为重组全球要素资源、重塑全球经济结构、改变全球竞争格局的关键力量。

2021年10月18日，中共中央政治局就推动我国数字经济健康发展进行第三十四次集体学习。习近平总书记在主持学习时强调，要站在统筹中华民族伟大复兴战略全局和世界百年未有之大变局的高度，统筹国内国际两个大局、发展安全两件大事，充分发挥海量数据和丰富应用场景优势，促进数字技术与实体经济深度融合，赋能传统产业转型升级，催生新产业新业态新模式，不断做强做优做大我国数字经济。

党的十八大以来，党中央高度重视发展数字经济，实施网络强国战略和国家大数据战略，拓展网络经济空间，支持基于互联网的各类创新，推动互联网、大数据、人工智能和实体经济深度融合，建设数字中国、智慧社会，推进数字产业化和产业数字化，打造具有国际竞争力的数字产业集群，我国数字经济发展较快、成就显著。特别是新冠肺炎疫情暴发以来，数字技术、数字经济在支持抗击新冠肺炎疫情、恢复生产生活方面发挥了重要作用。

我们要加强关键核心技术攻关，牵住自主创新这个"牛鼻子"，发挥我国社会主义制度优势、新型举国体制优势、超大规模市场优势，提高数字技术基础研发能力，打好关键核心技术攻坚战，尽快实现高水平自立自强，把发展数字经济自主权牢牢掌握在自己手中。

要加快新型基础设施建设，加强战略布局，加快建设高速泛在、天地一体、云网融合、智能敏捷、绿色低碳、安全可控的智能化综合性数字信息基础设施，打通经济社会发展的信息"大动脉"。要全面推进产业化、规模化应用，重点突破关键软件，推动软件产业做大做强，提升关键软件技术创新和供给能力。

要推动数字经济和实体经济融合发展，把握数字化、网络化、智能化方向，推动制造业、服务业、农业等产业数字化，利用互联网新技术对传统产业进行全方位、全链条的改造，提高全要素生产率，发挥数字技术对经济发展的放大、叠加、倍增作用。要推动互联网、大数据、人工智能同产业深度融合，加快培育一批"专精特新"企业和制造业单项冠军企业。要推进重点领域数字产业发展，聚焦战略前沿和制高点领域，立足重大技术突破和重大发展需求，增强产业链关键环节竞争力，完善重点产业供应链体系，加速产品和服务迭代。

要规范数字经济发展，坚持促进发展和监管规范两手抓、两手都要硬，在发展中规范、在规范中发展。完善数字经济治理体系，健全法律法规和政策制度，完善体制机制，提高我国数字经济治理体系和治理能力现代化水平。

数字经济事关国家发展大局，要做好我国数字经济发展顶层设计和体制机制建设，加强形势研判，抓住机遇，赢得主动。各级领导干部要提高数字经济思维能力和专业素质，增强发展数字经济本领，强化安全意识，推动数字经济更好服务和融入新发展格局。要提高全民全社会数字素养和技能，夯实我国数字经济发展社会基础。

48.弘扬科学家精神

科学成就离不开精神支撑。科学家精神是科技工作者在长期科学实践中积累的宝贵精神财富。新中国成立以来，广大科技工作者在祖国大地上树立起一座座科技创新的丰碑，也铸就了独特的精神气质。

2019年5月，中共中央办公厅、国务院办公厅印发了《关于进一步弘扬科学家精神加强作风和学风建设的意见》，要求大力弘扬胸怀祖国、服务人民的爱国精神，勇攀高峰、敢为人先的创新精神，追求真理、严谨治学的求实精神，淡泊名利、潜心研究的奉献精神，集智攻关、团结协作的协同精神，甘为人梯、奖掖后学的育人精神。广大科技工作者要肩负起历史赋予的科技创新重任。

2020年9月11日，习近平总书记在科学家座谈会上的讲话中强调，大力弘扬科学家精神。

大力弘扬胸怀祖国、服务人民的爱国精神。科学无国界，科学家有祖国。我国科技事业取得的历史性成就，是一代又一代矢志报国的科学家前赴后继、接续奋斗的结果。从李四光、钱学森、钱三强、邓稼先等一大批老一辈科学家，到陈景润、黄大年、南仁东等一大批新中国成立后成长起来的杰出科学家，都是爱国科学家的典范。广大科技工作者要继承和发扬老一辈科学家艰苦奋斗、科学报国的优秀品质，弘扬"两弹一星"精神，坚持国家利益和人民利益至上，以支撑服务社会主义现代化强国建设为己任，着力攻克事关国家安全、经济发展、生态保护、民生改善的基础前沿难题和核心关键技术。

大力弘扬勇攀高峰、敢为人先的创新精神。广大科技工作者要坚定敢为天下先的自信和勇气，面向世界科技前沿，面向国民经济主战场，面向国家重大战略需求，抢占科技竞争和未来发展制高点。敢于提出新理论、开辟新领域、探寻新路径，不畏挫折、敢于试错，在独创独有上下功夫，在解决受制于人的重大瓶颈问题上强化担当作为。

大力弘扬追求真理、严谨治学的求实精神。广大科技工作者要把热爱科学、探求真理作为毕生追求，始终保持对科学的好奇心。坚持解放思想、独立思辨、理性质疑，大胆假设、认真求证，不迷信学术权威。坚持立德为先、诚信为本，在践行社会主义核心价值观、引领社会良好风尚中率先垂范。

大力弘扬淡泊名利、潜心研究的奉献精神。广大科技工作者要静心笃志、心无旁骛、力戒浮躁，甘坐"冷板凳"，肯下"数十年磨一剑"的苦功夫。反对盲目追逐热点，不随意变换研究方向，坚决摒弃拜金主义。从事基础研究，要瞄准世界一流，敢于在世界舞台上与同行对话；从事应用研究，要突出解决实际问题，力争实现关键核心技术自主可控。

大力弘扬集智攻关、团结协作的协同精神。广大科技工作者要强化跨界融合思维，倡导团队精神，建立协同攻关、跨界协作机制。坚持全球视野，加强国际合作，秉持互利共赢理念，为推动科技进步、构建人类命运共同体贡献中国智慧。

大力弘扬甘为人梯、奖掖后学的育人精神。广大科技工作者要坚决破除论资排辈的陈旧观念，打破各种利益纽带和裙带关系，善于发现培养青年科技人才，敢于放手、支持其在重大科研任务中"挑大梁"，甘做致力提携后学的"铺路石"和领路人。

马克思讲过："在科学上没有平坦的大道，只有不畏劳苦沿着陡峭山路攀登的人，才有希望达到光辉的顶点。"广大科学家和科技工作者要有信心、有意志、有能力登上科学高峰，为实现中华民族伟大复兴、为推动构建人类命运共同体作出应有贡献。

49.弘扬企业家精神

2017年9月，《中共中央 国务院关于营造企业家健康成长环境弘扬优秀企业家精神更好发挥企业家作用的意见》发布。

企业家是经济活动的重要主体。改革开放以来，一大批优秀企业家在市场竞争中迅速成长，形成了具有鲜明时代特征、民族特色、世界水准的中国企业家队伍，一大批具有核心竞争力的企业不断涌现，为积累社会财富、创造就业岗位、促进经济社会发展、增强综合国力作出了重要贡献。营造企业家健康成长环境，弘扬优秀企业家精神，更好发挥企业家作用。对深化供给侧结构性改革、激发市场活力、实现经济社会持续健康发展具有重要意义。企业家要带领企业战胜当前的困难，走向更辉煌的未来，就要在爱国、创新、诚信、社会责任和国际视野等方面不断提升自己，努力成为新时代构建新发展格局、建设现代化经济体系、推动高质量发展的生力军。

2020年7月21日，习近平总书记在企业家座谈会上系统阐述了新时代的企业家精神。新时代的企业家精神主要有爱国情怀、勇于创新、诚信守法、承担社会责任、有国际视野五个方面。

企业家要有爱国情怀。企业营销无国界，企业家有祖国。优秀企业家必须对国家、对民族怀有崇高使命感和强烈责任感，把企业发展同国家繁荣、民族兴盛、人民幸福紧密结合在一起，主动为国担当、为国分忧，正所谓"利于国者爱之，害于国者恶之"。企业家爱国有多种实现形式，但首先是办好一流企业，带领企业奋力拼搏、力争一流，实现质量更好、效益更高、竞争力更强、影响力更大的发展。

企业家要勇于创新。创新是引领发展的第一动力。"富有之谓大业，日新之谓盛德。"企业家创新活动是推动企业创新发展的关键。创新就要敢于承担风险。敢为天下先是战胜风险挑战、实现高质量发展特别需要弘扬的品质。企业家要做创新发展的探索者、组织者、引领者，勇于推动生产组织创新、技术创新、市场创新。

企业家要诚信守法。社会主义市场经济是信用经济、法治经济。企业家要同方方面面打交道，调动人、财、物等各种资源，没有诚信寸步难行。法治意识、契约精神、守约观念是现代经济活动的重要意识规范，也是信用经济、法治经济的重要要求。企业家要做诚信守法的表率，带动全社会道德素质和文明程度提升。

企业家要承担社会责任。企业既有经济责任、法律责任，也有社会责任、道德责任。任何企业存在于社会之中，都是社会的企业。社会是企业家施展才华的舞台。只有真诚回报社会、切实履行社会责任的企业家，才能真正得到社会认可，才是符合时代要求的企业家。

企业家要有国际视野。有多大的视野，就有多大的胸怀。企业家要立足中国，放眼世界，提高把握国际市场动向和需求特点的能力，提高把握国际规则能力，提高国际市场开拓能力，提高防范国际市场风险能力，带动企业在更高水平的对外开放中实现更好发展，促进国内国际双循环。

50.弘扬劳模精神、劳动精神、工匠精神

劳动是人类的本质活动，是推动人类社会进步的根本力量。劳动是人存在的基本方式，人们用劳动创造了世间的一切美好，劳动是一切幸福的源泉。社会主义是干出来的，新时代是奋斗出来的。

2020年11月24日，习近平总书记在全国劳动模范和先进工作者表彰大会上的讲话号召：大力弘扬劳模精神、劳动精神、工匠精神。

在长期实践中，我们培育形成了爱岗敬业、争创一流、艰苦奋斗、勇于创新、淡泊名利、甘于奉献的劳模精神，崇尚劳动、热爱劳动、辛勤劳动、诚实劳动的劳动精神，执着专注、精益求精、一丝不苟、追求卓越的工匠精神。劳模精神、劳动精神、工匠精神是以爱国主义为核心的民族精神和以改革创新为核心的时代精神的生动体现，

是鼓舞全党全国各族人民风雨无阻、勇敢前进的强大精神动力。

人民是历史的创造者。工人阶级是我国的领导阶级，是先进生产力和生产关系的代表，是坚持和发展中国特色社会主义的主力军。新形势下，我国工人阶级和广大劳动群众要继续学先进赶先进，自觉践行社会主义核心价值观，用劳动模范和先进工作者的崇高精神和高尚品格鞭策自己，焕发劳动热情，厚植工匠文化，恪守职业道德，将辛勤劳动、诚实劳动、创造性劳动作为自觉行为。各级党委和政府要尊重劳模、关爱劳模，贯彻好尊重劳动、尊重知识、尊重人才、尊重创造方针，完善劳模政策，提升劳模地位，落实劳模待遇，推动更多劳动模范和先进工作者竞相涌现。全社会要崇尚劳动、见贤思齐，加大对劳动模范和先进工作者的宣传力度，讲好劳模故事、讲好劳动故事、讲好工匠故事，弘扬劳动最光荣、劳动最崇高、劳动最伟大、劳动最美丽的社会风尚。要开展以劳动创造幸福为主题的宣传教育，把劳动教育纳入人才培养全过程，贯通大中小学各学段和家庭、学校、社会各方面，教育引导青少年树立以辛勤劳动为荣、以好逸恶劳为耻的劳动观，培养一代又一代热爱劳动、勤于劳动、善于劳动的高素质劳动者。

努力建设高素质劳动大军。劳动者素质对一个国家、一个民族发展至关重要。当今世界，综合国力的竞争归根到底是人才的竞争、劳动者素质的竞争。我国工人阶级和广大劳动群众要树立终身学习的理念，养成善于学习、勤于思考的习惯，实现学以养德、学以增智、学以致用。要适应新一轮科技革命和产业变革的需要，密切关注行业、产业前沿知识和技术进展，勤学苦练、深入钻研，不断提高技术技能水平。要完善现代职业教育制度，创新各层次各类型职业教育模式，为劳动者成长创造良好条件。技术工人是支撑中国制造、中国创造的重要基础。要完善和落实技术工人培养、使用、评价、考核机制，提高技能人才待遇水平，畅通技能人才职业发展通道，完善技能人才激励政策，激励更多劳动者特别是青年人走技能成才、技能报国之路，培养更多高技能人才和大国工匠。要增强创新意识、培养创新思维，展示锐意创新的勇气、敢为人先的锐气、蓬勃向上的朝气。要推进产业工人队伍建设改革，落实产业工人思想引领、建功立业、素质提升、地位提高、队伍壮大等改革措施，造就一支有理想守信念、懂技术会创新、敢担当讲奉献的宏大产业工人队伍。

劳动最美丽，劳动最光荣。天上不会掉馅饼，努力奋斗才能梦想成真，中华儿女撸起袖子加油干，用汗水浇灌梦想，靠实干铸就辉煌，必将谱写彪炳史册的奋斗诗篇，开辟民族复兴的光明前景。

六

说到底是要坚定文化自信

  中国特色社会主义是全面发展、全面进步的伟大事业，没有社会主义文化繁荣发展，就没有社会主义现代化。党的十八大以来，我们把文化建设提升到一个新的历史高度，把文化自信和道路自信、理论自信、制度自信并列为中国特色社会主义"四个自信"，把坚持马克思主义在意识形态领域指导地位的制度确立为中国特色社会主义制度体系的一项根本制度，把坚持社会主义核心价值体系纳入新时代坚持和发展中国特色社会主义的基本方略。

——习近平在教育文化卫生体育领域专家代表座谈会上的讲话，2020年9月22日

51. 物质文明和精神文明相协调的现代化

实现中华民族伟大复兴，既需要强大的物质力量，也需要强大的精神力量。我国的现代化是"物质文明和精神文明相协调的现代化"，不仅要求物质生活水平提高、家家仓廪实衣食足，而且要求精神文化生活丰富、人人知礼节明荣辱。当高楼大厦在我国大地上遍地林立时，中华民族精神的大厦也应该巍然耸立。

1949年9月，毛泽东豪迈预言："中国人被人认为不文明的时代已经过去了，我们将以一个具有高度文化的民族出现于世界。"新中国成立后，中国共产党把物质文明和精神文明协调发展作为现代化建设的题中应有之义。改革开放后，中国共产党创造性地提出了社会主义精神文明建设的战略任务，确定了"两手抓、两手都要硬"的战略方针。

2020年9月22日，习近平总书记在教育文化卫生体育领域专家代表座谈会上的讲话中指出："中国特色社会主义是全面发展、全面进步的伟大事业，没有社会主义文化繁荣发展，就没有社会主义现代化。党的十八大以来，我们把文化建设提升到一个新的历史高度，把文化自信和道路自信、理论自信、制度自信并列为中国特色社会主义'四个自信'，把坚持马克思主义在意识形态领域指导地位的制度确立为中国特色社会主义制度体系的一项根本制度，把坚持社会主义核心价值体系纳入新时代坚持和发展中国特色社会主义的基本方略。这几年，我国文化建设在正本清源、守正创新中取得历史性成就、发生历史性变革，为新时代坚持和发展中国特色社会主义、开创党和国家事业全新局面提供了强大正能量。"

文化是民族生存和发展的重要力量。人类社会每一次跃进，人类文明每一次升华，无不伴随着文化的历史性进步。中华民族有着5000多年的文明史，近代以前中国一直是世界强国之一。在几千年的历史流变中，中华民族从来不是一帆风顺的，遇到了无数艰难困苦，但我们都挺过来、走过来了，其中一个很重要的原因就是世世代代的中华儿女培育和发展了独具特色、博大精深的中华文化，为中华民族克服困难、生生不息提供了强大精神支撑。

在具有"高度的文明"的社会，物质文明与精神文明必然是协调发展的。在社会主义现代化建设进程中，我们党高度重视物质文明与精神文明协调发展。邓小平指出："我们要在建设高度物质文明的同时，提高全民族的科学文化水平，发展高尚的丰富多彩的文化生活，建设高度的社会主义精神文明。"强调物质文明和精神文明"两手抓、两手都要硬"。

党的十八大以来，习近平总书记高度重视物质文明和精神文明协调发展，强调"以辩证的、全面的、平衡的观点正确处理物质文明和精神文明的关系"，"只有物质文明建设和精神文明建设都搞好，国家物质力量和精神力量都增强，全国各族人民物质生活和精神生活都改善，中国特色社会主义事业才能顺利向前推进"。

中国式现代化要坚持以人民为中心，扎实推动共同富裕，解决发展不平衡不充分的问题，满足人民日益增长的美好生活需要。要立足新发展阶段，贯彻新发展理念，构建新发展格局，推动高质量发展，为全面建设社会主义现代化国家提供雄厚的物质支撑。同时，还要切实抓好精神文明建设各项任务，不断满足人民群众日益增长的精神文化需求，继续铸就中华文化新的辉煌。在全面建设社会主义现代化国家新征程中，我们必须坚定不移地推动物质文明与精神文明协调发展，向着第二个百年奋斗目标进军。

52.提高国家文化软实力

"软实力"（Soft Power）的概念是由美国哈佛大学教授小约瑟夫·奈提出来的。一个国家的综合国力既包括由经济、科技、军事实力等表现出来的"硬实力"，也包括以文化和意识形态吸引力体现出来的"软实力"。在今天互联互通的和平年代，一个国家的文化软实力变得越来越重要。提高国家文化软实力，是我们党和国家的一项重大战略任务。

习近平总书记指出，"提高国家文化软实力，关系'两个一百年'奋斗目标和中华民族伟大复兴中国梦的实现"，"核心价值观是文化软实力的灵魂、文化软实力建设的重点"，"提高国家文化软实力，要努力提高国际话语权。加强国际传播能力建设，精心构建对外话语体系"。

文化是一个国家、一个民族的灵魂。对于一个国家、一个民族而言，其领土可能会发生变化，其人口规模会增长或减少，其血统甚至会随着通婚而有所改变，但它会因长期以来形成的文化传统保持相对稳定而得以延续和发展。文化自信，是更基础、更广泛、更深厚的自信，是更基本、更深沉、更持久的力量。坚定文化自信，是事关国运兴衰、事关文化安全、事关民族精神独立性的大问题。必须坚定文化自信，激发全民族文化创新创造活力，不断提升国家文化软实力，建设社会主义文化强国。

在中华文化体系中，优秀传统文化是中华民族的突出优势，是我们最深厚的文化软实力，是我们在世界文化激荡中站稳脚跟的根基，必须结合新的时代条件传承和弘扬好。与其他世界文明及民族文化相比，中华民族文化的基本特征是源远流长、历久弥新，具有持久性、不间断性和累积性。古人所说的"先天下之忧而忧，后天下之乐而乐"的政治抱负，"苟利国家生死以，岂因祸福避趋之"的报国情怀等，都体现了中华民族的优秀传统文化和民族精神，我们都应该继承和发扬。

中华文化延续着我们国家和民族的精神血脉，既需要薪火相传、代代守护，也需要与时俱进、推陈出新。创造性转化、创新性发展既是对中华优秀传统文化的内涵加以补充、拓展、完善，也是为适应新时代，对中华优秀传统文化的概念、思想进行转化、改造、重建；既体现了继承性和民族性，也体现了原创性和时代性。提高国家文化软实力，就是要努力展示中华文化的独特魅力。

坚定价值观自信，积极传播当代中国价值观。核心价值观是文化软实力的灵魂，是决定文化性质和方向的最深层次要素，是文化软实力的灵魂、文化软实力建设的重点。国家文化软实力的竞争，说到底是核心价值观的较量。谁的价值观更强大、更具吸引力，谁就能获得国际话语权，得到国际社会充分认同，进而在国际竞争中取得有利地位。

提升文化产业的竞争力。文化产业承载着一个国家的文化理念、文化价值和文化追求，是经济全球化条件下提升国家文化软实力最直接、最有效的手段。提升文化产业的竞争力，要加快构建现代文化产业体系，在结构、布局等方面进行优化。要完善以高质量发展为导向的文化经济政策，健全支持文化产品和服务走出去的政策措施，构建以文化企业为主体、文化产品为载体、市场化运作的文化走出去新模式。

提升文化的国际传播力和影响力。习近平总书记指出，要推进国际传播能力建设，讲好中国故事，向世界展现真实、立体、全面的中国，提高国家文化软实力。推动文化的国际传播与交流，有助于跨越语言上的障碍和观念上的隔阂，在不同国家民众之间架设心灵和情感的桥梁。特别是在信息技术高度发达的当今时代，谁的文化传播手段先进、传播能力强大，谁的文化理念和价值观念就能更广流传，谁就能掌握国际话语权。

53.坚持马克思主义在意识形态领域的指导地位

党的十九届六中全会通过的《中共中央关于党的百年奋斗重大成就和历史经验的决议》指出："必须坚持以人民为中心的工作导向，举旗帜、聚民心、育新人、兴文化、展形象，牢牢掌握意识形态工作领导权，建设具有强大凝聚力和引领力的社会主义意识形态，建设社会主义文化强国，激发全民族文化创新创造活力，更好构筑中国精神、中国价值、中国力量，巩固全党全国各族人民团结奋斗的共同思想基础。"

党的十九届四中全会审议通过的《中共中央关于坚持和完善中国特色社会主义制度、推进国家治理体系和治理能力现代化若干重大问题的决定》，强调坚持马克思主义在意识形态领域指导地位的根本制度，并作出一系列重大部署。这是我们党第一次把马克思主义在意识形态领域的指导地位作为一项根本制度明确提出来，是关系党和国家事业长远发展、关系我国文化前进方向和发展道路的重大制度创新。

坚持以什么思想理论为指导，是文化建设的首要问题，关系到政党的性质、国家的方向，关系到民族的命脉、人心的凝聚。社会主义先进文化之所以先进，就在于它以马克思主义这一先进理论为指导。马克思主义以科学的世界观和方法论揭示了人类社会发展规律，在历史和人民的选择中成为我们立党立国的根本指导思想,成为指引我们不断夺取革命、建设、改革胜利的强大思想武器。

历史经验表明,国家动荡、政权更迭往往始于思想领域的混乱、指导思想的动摇。苏联解体、东欧剧变,以及近年来一些国家发生的"颜色革命",就是前车之鉴。这警示我们,政治上的坚定源于理论上的清醒,只有高度自觉、始终不渝坚持以马克思主义为指导,才能保证道路不偏向、江山不变色,保证国本永固、事业常青。

中国共产党是由马克思主义孕育成长、用马克思主义武装锤炼出来的政党,从诞生的那一天起就把马克思主义郑重地写在自己的旗帜上。对马克思主义的坚定信仰,决定了我们党的性质和宗旨、目标和方向、政策和主张,也成为一代代共产党人的政治灵魂、精神支柱和最鲜明的身份标识。

马克思主义是指导党和人民事业的理论基础,也是我国文化发展的根本指针。新的时代条件下,坚持马克思主义在意识形态领域指导地位的根本制度,就是要坚定文化自信、增强文化自觉,牢牢把握社会主义先进文化前进方向,紧紧围绕举旗帜、聚民心、育新人、兴文化、展形象的使命任务,大力发展面向现代化、面向世界、面向未来的民族的科学的大众的社会主义文化,更好构筑中国精神、中国价值、中国力量。

坚持马克思主义在意识形态领域指导地位的根本制度,是具体的、现实的,不是抽象的、空洞的,文化领域的一切工作和活动都要紧紧围绕这一根本制度来展开、来推进。《中国共产党宣传工作条例》是坚持和落实马克思主义在意识形态领域指导地位这一根本制度的重要体现和重要保障。

建立意识形态工作责任制,是加强党对意识形态工作全面领导的重大举措,也是坚持马克思主义在意识形态领域指导地位这一根本制度的重要体现。要坚持党管宣传、党管意识形态、党管媒体不动摇,注意区分政治原则问题、思想认识问题、学术观点问题,既不能把小事说大、搞"泛政治化",也不能把大事说小、搞"去意识形态化"。我们要旗帜鲜明反对和抵制各种错误观点,理直气壮批驳挑战政治底线的错误言论,切实维护政治安全、文化安全、意识形态安全。

54. 社会主义核心价值观

核心价值观是文化软实力的灵魂、文化软实力建设的重点。一个国家的文化软实力,从根本上说,取决于其核心价值观的生命力、凝聚力、感召力。核心价值观,是决定文化性质和方向的最深层次要素。如果没有共同的核心价值观,一个民族、一个国家就会魂无定所、行无依归。培育和弘扬核心价值观,有效整合社会意识,是社会系统得以正常运转、社会秩序得以有效维护的重要途径,也是国家治理体系和治理能力的重要方面。

习近平总书记强调,历史和现实都表明,核心价值观是一个国家的重要稳定器,能否构建具有强大感召力的核心价值观,关系社会和谐稳定,关系国家长治久安。

核心价值观,承载着一个民族、一个国家的精神追求,体现着一个社会评判是非曲直的价值标准。党的十八大报告提出,要大力加强社会主义核心价值体系建设,倡导富强、民主、文明、和谐,倡导自由、平等、公正、法治,倡导爱国、敬业、诚信、友善,积极培育和践行社会主义核心价值观。2013年12月,中共中央办公厅印发《关于培育和践行社会主义核心价值观的意见》,要求把培育和践行社会主义核心价值观融入国民教育全过程、落实到经济发展实践和社会治理中。

社会主义核心价值观分为三个层面：富强、民主、文明、和谐是国家层面的价值要求；自由、平等、公正、法治是社会层面的价值要求；爱国、敬业、诚信、友善是公民层面的价值要求。

社会主义核心价值观，体现了古圣先贤的思想，体现了仁人志士的夙愿，体现了革命先烈的理想，也寄托着各族人民对美好生活的向往。

核心价值观，其实就是一种德，既是个人的德，也是一种大德，就是国家的德、社会的德。国无德不兴，人无德不立。如果一个民族、一个国家没有共同的核心价值观，莫衷一是，行无依归，那这个民族、这个国家就无法前进。

在社会主义核心价值观中，最深层、最根本、最永恒的是爱国主义。

核心价值观的养成绝非一日之功，要坚持由易到难、由近及远，努力把核心价值观的要求变成日常的行为准则，进而形成自觉奉行的信念理念。不要在顺利的时候，看山是山、看水是水；一遇挫折，就怀疑动摇，看山不是山、看水不是水了。无论什么时候，我们都要坚守在中国大地上形成和发展起来的社会主义核心价值观，在时代大潮中建功立业，成就自己的宝贵人生。

我们要在全社会大力弘扬和践行社会主义核心价值观，使之像空气一样无处不在、无时不有，成为全体人民的共同价值追求，成为我们生而为中国人的独特精神支柱，成为百姓日用而不觉的行为准则。

全社会要行动起来，通过教育引导、舆论宣传、文化熏陶、实践养成、制度保障等，使社会主义核心价值观内化为人们的精神追求、外化为人们的自觉行动。

55.以伟大建党精神为源头的精神谱系

人无精神则不立,国无精神则不强。唯有精神上站得住、站得稳,一个民族才能在历史洪流中屹立不倒、挺立潮头。

中国共产党第十九届中央委员会第六次全体会议公报指出:"党的百年奋斗锻造了走在时代前列的中国共产党,形成了以伟大建党精神为源头的精神谱系,保持了党的先进性和纯洁性,党的执政能力和领导水平不断提高,中国共产党无愧为伟大光荣正确的党。"

历史川流不息,精神代代相传。习近平总书记在庆祝中国共产党成立100周年大会上的讲话中指出:"一百年前,中国共产党的先驱们创建了中国共产党,形成了坚持真理、坚守理想,践行初心、担当使命,不怕牺牲、英勇斗争,对党忠诚、不负人民的伟大建党精神,这是中国共产党的精神之源。"1921年,中国共产党成立。这是开天辟地的大事变,深刻改变了近代以后中华民族发展的方向和进程,深刻改变了中国人民和中华民族的前途和命运,深刻改变了世界发展的趋势和格局。在伟大建党实践和百年奋斗实践中,党形成并弘扬坚持真理、坚守理想,践行初心、担当使命,不怕牺牲、英勇斗争,对党忠诚、不负人民的伟大建党精神,鼓舞和激励中国共产党人拼搏奋斗、砥砺前行。

2021年2月20日,习近平总书记在党史学习教育动员大会上的讲话中指出:"在一百年的非凡奋斗历程中,一代又一代中国共产党人顽强拼搏、不懈奋斗,涌现了一大批视死如归的革命烈士、一大批顽强奋斗的英雄人物、一大批忘我奉献的先进模范,形成了井冈山精神、长征精神、遵义会议精神、延安精神、西柏坡精神、红岩精神、抗美援朝精神、'两弹一星'精神、特区精神、抗洪精神、抗震救灾精神、抗疫精神等伟大精神,构筑起了中国共产党人的精神谱系。"

这些宝贵精神财富跨越时空、历久弥新,集中体现了党的坚定信念、根本宗旨、优良作风,凝聚着中国共产党人艰苦奋斗、牺牲奉献、开拓进取的伟大品格,深深融入我们党、国家、民族、人民的血脉之中,为我们立党兴党强党提供了丰厚滋养。

同时,我们要清醒看到,我们党长期执政,党员干部中容易出现承平日久、精神懈怠的心态。有的觉得现在已经可以好好喘口气、歇歇脚,做做安稳官、太平官了;有的觉得"船到码头车到站",不思进取、庸政懒政混日子;有的为个人打算多了,患得患失、不敢担当却贪图名利、享受;有的习惯当"传声筒""中转站",遇到困难绕着走、碰到难题往上交,缺乏攻坚克难的锐气和斗志。习近平总书记反复强调要发扬将革命进行到底的精神,强调要发扬老一辈革命家"宜将剩勇追穷寇,不可沽名学霸王"的革命精神,发扬共产党人"为有牺牲多壮志,敢教日月换新天"的奋斗精神。在我国这样一个14亿多人口的国家实现社会主义现代化,是一项伟大的、不易的事业,全党要大力发扬红色传统、传承红色基因,赓续共产党人精神血脉,始终保持革命者的大无畏奋斗精神,鼓起迈进新征程、奋进新时代的精气神。

56.弘扬中华优秀传统文化

党的十九届六中全会通过的《中共中央关于党的百年奋斗重大成就和历史经验的决议》在阐述党的十八大以来的文化建设成就时指出:"党中央强调,中华优秀传统文化是中华民族的突出优势,是我们在世界文化激荡中站稳脚跟的根基,必须结合新的时代条件传承和弘扬好。"

从历史的角度看，中华优秀传统文化，对中华文明形成并延续发展几千年而从未中断，对形成和维护中国团结统一的政治局面，对形成和巩固中国多民族和合一体的大家庭，对形成和丰富中华民族精神，对激励中华儿女维护民族独立、反抗外来侵略，对推动中国社会发展进步、促进中国社会利益和社会关系平衡，都发挥了十分重要的作用。

德国哲学家雅斯贝尔斯在《历史的起源与目标》一书中写到，公元前800年至公元前200年是人类文明的"轴心时代"，是人类文明精神的重大突破时期。当时古代希腊、古代中国、古代印度等文明都产生了伟大的思想家，他们提出的思想原则塑造了不同文化传统，并一直影响着人类生活。古往今来，中华民族之所以在世界上有地位、有影响，不是靠穷兵黩武，不是靠对外扩张，而是靠中华文化的强大感召力和吸引力。我们的先人早就认识到"远人不服，则修文德以来之"的道理。

2014年9月24日，习近平主席在纪念孔子诞辰2565周年国际学术研讨会上发表重要讲话。他强调，包括儒家思想在内的中国优秀传统文化中蕴藏着解决当代人类面临的难题的重要启示。

中华民族有着强大的文化创造力。每到重大历史关头，文化都能感国运之变化、立时代之潮头、发时代之先声，为亿万人民、为伟大祖国鼓与呼。中华文化既坚守本根又不断与时俱进，使中华民族保持了坚定的民族自信和强大的修复能力，培育了共同的情感和价值、共同的理想和精神。

党的十八大以来，在创造性转化、创新性发展中，中华文化的生命力不断增强。《关于实施中华优秀传统文化传承发展工程的意见》

的颁布，是第一次以中央文件形式推动延续中华文脉，传承中华文化基因，创新中国成立以来之先河。

传统文化在其形成和发展过程中，不可避免会受到当时人们的认识水平、时代条件、社会制度的局限性的制约和影响，因而也不可避免会存在陈旧过时或已成为糟粕性的东西。这就要求人们在学习、研究、应用传统文化时坚持古为今用、推陈出新，结合新的实践和时代要求进行正确取舍，而不能一股脑儿都拿到今天来照套照用。要坚持古为今用、以古鉴今，坚持有鉴别的对待、有扬弃的继承，而不能搞厚古薄今、以古非今，努力实现传统文化的创造性转化、创新性发展，使之与现实文化相融相通，共同服务以文化人的时代任务。

中国共产党人是马克思主义者，坚持马克思主义的科学学说，坚持和发展中国特色社会主义，但中国共产党人不是历史虚无主义者，也不是文化虚无主义者。我们从来认为，马克思主义基本原理必须同中国具体实际紧密结合起来，应该科学对待民族传统文化，科学对待世界各国文化，用人类创造的一切优秀思想文化成果武装自己。在带领中国人民进行革命、建设、改革的长期历史实践中，中国共产党人始终是中国优秀传统文化的忠实继承者和弘扬者。中国人民正在为实现"两个一百年"奋斗目标而努力，其中全面建成小康社会中的"小康"这个概念，就出自《礼记·礼运》，是中华民族自古以来追求的理想社会状态。使用"小康"这个概念来确立中国的发展目标，既符合中国发展实际，也容易得到最广大人民理解和支持。

中国优秀传统文化的丰富哲学思想、人文精神、教化思想、道德理念等，可以为人们认识和改造世界提供有益启迪，可以为治国理政提供有益启示，也可以为道德建设提供有益启发。中国人民的理想和奋斗，中国人民的价值观和精神世界，是始终深深植根于中国优秀传统文化沃土之中的，同时又是随着历史和时代前进而不断与日俱新、与时俱进的。

57.让文艺的百花园永远为人民绽放

2021年12月14日，习近平总书记在中国文联十一大、中国作协十大开幕式上的讲话中指出："广大文艺工作者要坚持以人民为中心的创作导向，把人民放在心中最高位置，把人民满意不满意作为检验艺术的最高标准，创作更多满足人民文化需求和增强人民精神力量的优秀作品，让文艺的百花园永远为人民绽放。"

习近平总书记一直高度重视文化文艺事业，多次强调文艺要为人民服务。2014年10月15日，习近平总书记在文艺工作座谈会上指出："文艺要反映好人民心声，就要坚持为人民服务、为社会主义服务这个根本方向。这是党对文艺战线提出的一项基本要求，也是决定我国文艺事业前途命运的关键。"2016年11月30日，在中国文联十大、中国作协九大开幕式上，习近平总书记指出："文艺创作方法有一百条、一千条，但最根本的方法是扎根人民。只有永远同人民在一起，艺术之树才能常青。"2019年3月4日，习近平总书记在参加全国政协十三届二次会议的文化艺术界、社会科学界委员联组会时的讲话中再次强调："文化文艺工作者要跳出'身边的小小的悲欢'，走进实践深处，观照人民生活，表达人民心声，用心用情用功抒写人民、描绘人民、歌唱人民。"

人民立场是党的根本政治立场，人民群众是党的力量源泉。全党必须永远保持同人民群众的血肉联系，站稳人民立场，坚持人民主体地位，尊重人民首创精神，践行以人民为中心的发展思想。文艺事业是党和人民的重要事业，文艺战线是党和人民的重要战线，文艺工作者要坚持为人民服务。社会主义文艺，是人民的文艺。2021年12月14日，在中国文联十一大、中国作协十大开幕式上，习近平总书记指出："源于人民、为了人民、属于人民，是社会主义文艺的根本立场，也是社会主义文艺繁荣发展的动力所在。"这为新时代文艺创作指明了方向，提供了遵循。

人民是历史的创造者，也是时代的创造者。文艺工作者要紧跟时代步伐，把艺术创造向着亿万人民的伟大奋斗敞开，抒写中国人民奋斗之志、创造之力、发展之果，全方位全景式展现新时代的精神气象。2018年8月1日，电视剧《最美的青春》在央视一套黄金时间首播，热情歌颂了中国北部高原荒漠塞罕坝上老一辈造林人奉献青春和生命的英雄史诗。文学艺术的成长离不开人民的滋养。习近平总书记要求广大文艺工作者不仅要让人民成为作品的主角，而且要把自己的思想倾向和情感同人民融为一体，把心、情、思沉到人民之中，同人民一道感受时代的脉搏、生命的光彩，为时代和人民放歌。刻画真实的、现实的、朴实的人民形象，就要坚持以人民为中心的创作导向。从电影《十八洞村》到歌舞剧《扶贫路上》，从电视剧《山海情》到音乐会《小康之歌》，一部部优秀的文艺作品，生动再现了我们党带领全国各族人民决胜全面建成小康社会、决战脱贫攻坚的伟大壮举。从不同历史时期人民群众推动历史进步的磅礴力量，到党的十八大以来的脱贫攻坚，再到2020年以来抗击新冠肺炎疫情，无数的感人事迹、感人形象汇合成滚滚向前的中国力量，并通过文艺凝聚成时代奋进的号角。

经过百年奋斗，中华民族迎来了从站起来、富起来到强起来的伟大飞跃，迎来了实现伟大复兴的光明前景。习近平总书记在省部级主要领导干部学习贯彻党的十九届六中全会精神专题研讨班开班式上发表重要讲话强调:"在为谁执政、为谁用权、为谁谋利这个根本问题上,我们的头脑要特别清醒、立场要特别坚定。"党的十九届六中全会通过的《中共中央关于党的百年奋斗重大成就和历史经验的决议》,将"坚持人民至上"作为百年奋斗的历史经验。作为这一伟大历史进程的见证者、参与者,广大文艺工作者比以往任何时候都更需要高举人民文艺的旗帜,大力弘扬时代精神,不负时代、不负人民,始终牢记人民的需要是文艺存在的根本价值所在,不断破解文艺发展中的难题,在深入生活、扎根人民中进行无愧于时代的文艺创造,在人民创造史诗般的新时代的历史进程中,书写新时代的史诗,为全面建设社会主义现代化国家、实现中华民族伟大复兴的中国梦作出新的更大贡献。

58. 推进媒体深度融合

党的十九届五中全会通过的《中共中央关于制定国民经济和社会发展第十四个五年规划和二〇三五年远景目标的建议》强调:"推进媒体深度融合,实施全媒体传播工程,做强新型主流媒体,建强用好县级融媒体中心。"推动媒体融合发展,是以习近平同志为核心的党中央巩固宣传思想文化阵地、壮大主流思想舆论的重大战略部署。

2021年8月27日,中国互联网络信息中心(CNNIC)在京发布第48次《中国互联网络发展状况统计报告》。该报告显示,截至2021年6月,我国网民规模达10.11亿,较2020年12月增长2175万,互联网普及率达71.6%。10亿用户接入互联网,形成了全球最为庞大、生机勃勃的数字社会。今天我们处在什么时代?从新闻传播的角度讲,我们处于全媒体时代。在互联网时代,整个舆论生态都在发生深刻变化。随着全媒体不断发展,出现了全程媒体、全息媒体、全员媒体、全效媒体,信息无处不在、无所不及、无人不用。新闻舆论的主战场已经转移到互联网上,移动互联网成为信息传播主渠道,媒体融合的大趋势不可逆转。

宣传思想工作是做人的工作的,网络空间已经成为人们生产生活的新空间,人在哪儿,宣传思想工作的重点就在哪儿。截至2021年6月,我国网民使用手机上网的比例达99.6%;使用台式电脑、笔记本电脑、电视和平板电脑上网的比例分别为34.6%、30.8%、25.6%和24.9%,移动互联网已成为信息传播主渠道。随着5G、人工智能等技术不断发展,移动媒体将进入加速发展的新阶段。

2014年8月,习近平总书记主持召开中央全面深化改革领导小组第四次会议并发表重要讲话。会议审议通过了《关于推动传统媒体和新兴媒体融合发展的指导意见》。中共中央办公厅、国务院办公厅于2020年印发的《关于加快推进媒体深度融合发展的意见》提出,要发挥市场机制作用,增强主流媒体的市场竞争意识和能力,探索建立"新闻+政务服务商务"的运营模式,创新媒体投融资政策,增强自我造血机能。

2019年1月25日,习近平总书记在十九届中央政治局第十二次集体学习时指出:"党的十八大以来,我们坚持导向为魂、移动为先、内容为王、创新为要,在体制机制、政策措施、流程管理、人才技术等方面加快融合步伐,建立融合传播矩阵,打造融合产品,取得了积极成效。我们要立足形势发展,坚定不移推动媒体深度融合。""从全球范围看,媒体智能化进入快速发展阶段。我们要增强紧迫感和使命感,推动关键核心技术自主创新不断实现突破,探索将人工智能运用在新闻采集、生产、分发、接收、反馈中,用主流价值导向驾驭

'算法'，全面提高舆论引导能力。""网络是一把双刃剑，一张图、一段视频经由全媒体几个小时就能形成爆发式传播，对舆论场造成很大影响。这种影响力，用好了造福国家和人民，用不好就可能带来难以预见的危害。"

我们看到，很多主流媒体在经历了"你是你、我是我""你中有我、我中有你"后，跃升为"你就是我、我就是你"，完成了一体化的媒体融合变革。很多主流媒体以网文、短视频、音频、图表、图片、H5等形式策划推出众多原创融媒体产品，针对不同受众群体进行对象化分众化传播，取得了很好的传播效果。主流媒体要在推进深度融合中，不断扩大主流价值影响力版图，发挥着舆论引导、思想引领、文化传承、服务人民的重要作用。

习近平总书记指出，要统筹处理好传统媒体和新兴媒体、中央媒体和地方媒体、主流媒体和商业平台、大众化媒体和专业性媒体的关系，形成资源集约、结构合理、差异发展、协同高效的全媒体传播体系。加快建立全媒体传播体系，要深入学习贯彻习近平总书记的重要论述，统筹处理好这"四对关系"，不断创新管理理念、拓展管理范围、提升管理效果。

党的十八大以来，以习近平同志为核心的党中央不断强化网络安全顶层设计和总体布局，以网络安全法为核心的网络安全法律法规和政策标准体系基本形成，网络安全"四梁八柱"基本确立，"互联网不是法外之地"的观念深入人心。习近平总书记在十九届中央政治局第十二次集体学习时指出："没有规矩不成方圆。无论什么形式的媒体，无论网上还是网下，无论大屏还是小屏，都没有法外之地、舆论飞地。主管部门要履行好监管责任，依法加强新兴媒体管理，使我们的网络空间更加清朗。"

59.讲好中国故事

2021年5月31日,十九届中央政治局就加强我国国际传播能力建设进行第三十次集体学习。习近平总书记在主持学习时强调:"讲好中国故事,传播好中国声音,展示真实、立体、全面的中国,是加强我国国际传播能力建设的重要任务。要深刻认识新形势下加强和改进国际传播工作的重要性和必要性,下大气力加强国际传播能力建设,形成同我国综合国力和国际地位相匹配的国际话语权,为我国改革发展稳定营造有利外部舆论环境,为推动构建人类命运共同体作出积极贡献。"

党的十八大以来,习近平总书记总是身体力行,在国内外各种场合,带头讲好中国故事。《习近平谈治国理政》第一至三卷被誉为是"国际社会读懂中国的一把钥匙",几年来在世界范围内持续热销。除中文版外,还被译成英、法、俄、阿、西、葡、德、日等多个语种版本。习近平总书记高屋建瓴,促进当代国人把更多的文化自信、更生动的中国故事带到全世界面前,带入世界文化的百花园中。

早在2013年12月30日在十八届中央政治局第十二次集体学习时,习近平总书记就曾强调,讲好中国故事,要注重塑造我国的国家形象,重点展示中国历史底蕴深厚、各民族多元一体、文化多样和谐的文明大国形象,政治清明、经济发展、文化繁荣、社会稳定、人民团结、山河秀美的东方大国形象,坚持和平发展、促进共同发展、维护国际公平正义、为人类作出贡献的负责任大国形象,对外更加开放、更加具有亲和力、充满希望、充满活力的社会主义大国形象。

创新理念方法,讲好中国故事。在对外宣传上,主流媒体肩负起让世界认识一个立体多彩的中国的重要任务,要讲好中国特色社会主义的故事，讲好中国梦的故事，讲好中国人的故事，讲好中华优秀文化的故事，讲好中国和平发展的故事。讲故事就是讲事实、讲形象、讲情感、讲道理，还要特别注意从外国人的视角讲故事，优化选题策划，创新表现形式。我们看到，在推特、脸书、优兔、Instagram等海外社交平台上活跃着一些主流媒体的社交账号。"好风凭借力，送我上青云。"我们还要积极借助海外社交平台传播中国声音，构建起影响广泛、层次清晰、传播精准的社交平台账号矩阵，直接面向海外受众展示真实、立体、全面的中国。

融通中外，打好国际舆论战。中国的国际形象很大程度是"他塑"而非"自塑"，我们在国际上有时还处于"有理说不出，说了传不开"的境地，声音总体上偏小偏弱。国际舆论是一场没有硝烟的战争，我国面临的国际舆论战越来越激烈。在尖锐的国际舆论战中，主流媒体驳斥妖魔化报道，讲清中国贡献，而且越来越主动、越来越及时、越来越有力，让世界和国人看清一些西方政客的无耻嘴脸，不断壮大国际舆论场"朋友圈"，为中国赢得良好的国际舆论环境。总结经验，我们还需要深化媒体融合发展，加强对外传播话语体系建设，打造融通中外的新概念新范畴新表述，主动设置议题抢占舆论先机，善于借助国外媒体平台，让世界认识一个精彩可爱的中国，一个维护世界和平发展的中国。

今日的中国"居天下之广居，立天下之正位，行天下之大道"，日益走近世界舞台中央，需要形成同我国综合国力相适应的国际话语权。主流媒体需要把握好历史机遇，坚持不懈把媒体融合文章写好，把中国故事讲好，让世界为中国之声倾耳。

60. 推动文明交流互鉴

2014年3月27日，习近平主席在联合国教科文组织总部的演讲中指出："文明因交流而多彩，文明因互鉴而丰富。文明交流互鉴，是推动人类文明进步和世界和平发展的重要动力。""人类在漫长的历史长河中，创造和发展了多姿多彩的文明。从茹毛饮血到田园农耕，从工业革命到信息社会，构成了波澜壮阔的文明图谱，书写了激荡人心的文明华章。"

2019年5月15日，习近平主席在亚洲文明对话大会开幕式上呼吁：坚持相互尊重、平等相待，美人之美、美美与共，开放包容、互学互鉴，与时俱进、创新发展，共同创造亚洲文明和世界文明的美好未来。

文明因交流而多彩，文明因互鉴而丰富。任何一种文明，不管它产生于哪个国家、哪个民族的社会土壤之中，都是流动的、开放的。这是文明传播和发展的一条重要规律。在长期演化过程中，中华文明从与其他文明的交流中获得了丰富营养，也为人类文明进步作出了重要贡献。丝绸之路的开辟，遣隋遣唐使大批来华，法显、玄奘西行取经，郑和七下远洋，等等，都是中外文明交流互鉴的生动事例。

对人类社会创造的各种文明，无论是古代的中华文明、希腊文明、罗马文明、埃及文明、两河文明、印度文明等，还是现在的亚洲文明、非洲文明、欧洲文明、美洲文明、大洋洲文明等，我们都应该采取学习借鉴的态度，都应该积极吸纳其中的有益成分，使人类创造的一切文明中的优秀文化基因与当代文化相适应、与现代社会相协调，把跨越时空、超越国度、富有永恒魅力、具有当代价值的优秀文化精神弘扬起来。进行文明相互学习借鉴，要坚持从本国本民族实际出发，坚持取长补短、择善而从，讲求兼收并蓄，但兼收并蓄不是囫囵吞枣、莫衷一是，而是要去粗取精、去伪存真。

历史告诉我们，只有交流互鉴，一种文明才能充满生命力。只要秉持包容精神，就不存在什么"文明冲突"，就可以实现文明和谐。

我们应该推动不同文明相互尊重、和谐共处，让文明交流互鉴成为增进各国人民友谊的桥梁、推动人类社会进步的动力、维护世界和平的纽带。我们应该从不同文明中寻求智慧、汲取营养，为人们提供精神支撑和心灵慰藉，携手解决人类共同面临的各种挑战。

2016年11月召开的中央全面深化改革领导小组第二十九次会议，审议通过了《关于进一步加强和改进中华文化走出去工作的指导意见》强调，要拓展渠道平台，创新方法手段，增强中华文化亲和力、感染力、吸引力、竞争力，提高国家文化软实力。

如何为人类提供正确的精神指引？我们要让收藏在博物馆里的文物、陈列在广阔大地上的遗产、书写在古籍里的文字都活起来，让中华文明同世界各国人民创造的丰富多彩的文明一道，把跨越时空、超越国度、富有永恒魅力、具有当代价值的文化精神弘扬起来，把继承优秀传统文化又弘扬时代精神、立足本国又面向世界的当代中国文化创新成果传播出去。

七
国家治理体系和治理能力现代化

党的十八届三中全会提出的全面深化改革的总目标，就是完善和发展中国特色社会主义制度、推进国家治理体系和治理能力现代化。这是坚持和发展中国特色社会主义的必然要求，也是实现社会主义现代化的应有之义。

——习近平在省部级主要领导干部学习贯彻十八届三中全会精神全面深化改革专题研讨班开班式上的讲话，2014年2月17日

61. 社会治理体系和治理能力现代化

党的十八届三中全会首次提出"推进国家治理体系和治理能力现代化"这个重大命题，并把"完善和发展中国特色社会主义制度、推进国家治理体系和治理能力现代化"确定为全面深化改革的总目标。"社会治理"一词全面取代"社会管理"而出现在中央最高规格的文件。这一改变体现的是党对如何处理国家与社会、政府与群众之间关系的思考，体现的是以国家为主体的管理思维的转变，从社会管控转变为公共治理。这是坚持和发展中国特色社会主义的必然要求，也是实现社会主义现代化的应有之义。

党的十八届五中全会进一步强调，"十三五"时期要实现"各方面制度更加成熟更加定型，国家治理体系和治理能力现代化取得重大进展，各领域基础性制度体系基本形成"。

党的十九大报告提出，到2035年，各方面制度更加完善，国家治理体系和治理能力现代化基本实现；到本世纪中叶，实现国家治理体系和治理能力现代化。党的十九届四中全会审议通过了《中共中央关于坚持和完善中国特色社会主义制度、推进国家治理体系和治理能力现代化若干重大问题的决定》。坚持和完善中国特色社会主义制度、推进国家治理体系和治理能力现代化，是关系党和国家事业兴旺发达、国家长治久安、人民幸福安康的重大问题。党中央决定用一次全会就这个重大问题进行研究部署，是从政治上、全局上、战略上全面考量，立足当前、着眼长远作出的重大决策。党的十九届四中全会通过的决定，全面回答了在我国国家制度和国家治理体系上应该坚持和巩固什么、完善和发展什么这个重大政治问题，是一篇马克思主义的纲领性文献，也是一篇马克思主义的政治宣言书。

七、国家治理体系和治理能力现代化

党的十九届四中全会全面总结了我国国家制度和国家治理体系具有13个方面的显著优势，分别是党的集中统一领导、人民当家作主、全面依法治国、坚持集中力量办大事、各民族一律平等团结奋斗、社会主义制度和市场经济有机结合，等等。在这13个方面的显著优势中，首要的、最根本的优势是中国共产党的领导。

"经国序民，正其制度。"治理国家、定国安民，维持整个社会的良性运转，健全完善制度至关重要。建立什么样的国家制度，是近代以来中国人民面临的一个历史性课题。中国特色社会主义制度是党和人民在长期实践探索中形成的科学制度体系，我国国家治理一切工作和活动都依照中国特色社会主义制度展开，我国国家治理体系和治理能力是中国特色社会主义制度及其执行能力的集中体现。

2014年2月17日，习近平总书记在省部级主要领导干部学习贯彻十八届三中全会精神全面深化改革专题研讨班开班式上指出："国家治理体系和治理能力是一个国家的制度和制度执行能力的集中体现，两者相辅相成。我们的国家治理体系和治理能力总体上是好的，是有独特优势的，是适应我国国情和发展要求的。同时，我们在国家治理体系和治理能力方面还有许多亟待改进的地方，在提高国家治理能力上需要下更大气力。只有以提高党的执政能力为重点，尽快把我们各级干部、各方面管理者的思想政治素质、科学文化素质、工作本领都提高起来，尽快把党和国家机关、企事业单位、人民团体、社会组织等的工作能力都提高起来，国家治理体系才能更加有效运转。""一个国家选择什么样的治理体系，是由这个国家的历史传承、文化传统、经济社会发展水平决定的，是由这个国家的人民决定的。我国今天的国家治理体系，是在我国历史传承、文化传统、经济社会发展的基础上长期发展、渐进改进、内生性演化的结果。我国国家治理体系需要改进和完善，但怎么改、怎么完善，我们要有主张、有定力。""推进国家治理体系和治理能力现代化，必须完整理解和把握全面深化改革的总目标，这是两句话组成的一个整体，即完善和发展中国特色社会主义制度、推进国家治理体系和治理能力现代化。我们的方向就是中国特色社会主义道路"。

62. 中国特色社会主义制度

中国特色社会主义制度坚持把马克思主义基本原理同中国具体实际相结合，坚持科学社会主义基本原则，植根中国大地、吸吮中华文化精华，借鉴人类制度文明成果，经过不断探索实践，不断改革创新，为中国政治稳定、经济发展、文化繁荣、民族团结、人民幸福、社会安宁、国家统一提供了有力保障，深得人民拥护，彰显巨大优越性和强劲生命力。

党的十一届三中全会以来，中国共产党团结带领中国人民，解放思想、锐意进取，开创、坚持、捍卫、发展中国特色社会主义，实现了从高度集中的计划经济体制到充满活力的社会主义市场经济体制、从封闭半封闭到全方位开放的历史性转变。党的十八大以来，中国特色社会主义进入新时代。

中国特色社会主义体现在制度上，就是确立中国特色社会主义制度，巩固发展我国的国体、政体和基本政治制度、基本经济制度以及各方面重要制度，健全中国特色社会主义法律体系，为中华民族实现富起来提供根本制度保障。党的十八大以来，以习近平同志为核心的党中央把制度建设摆到更加突出的位置。党的十八届三中全会首次提出"推进国家治理体系和治理能力现代化"这个重大命题，并把"完善和发展中国特色社会主义制度、推进国家治理体系和治理能力现代化"确定为全面深化改革的总目标。党的十九届四中全会着眼于党长期执政和国家长治久安，对坚持和完善中国特色社会主义制度、推进国家治理体系和治理能力现代化作出总体擘画，重点部署坚持和完善支撑中国特色社会主义制度的根本制度、基本制度、重要制度。

习近平总书记在《关于〈中共中央关于坚持和完善中国特色社会主义制度、推进国家治理体系和治理能力现代化若干重大问题的决定〉的说明》中指出："新中国70年取得的历史性成就充分证明，中国特色社会主义制度是当代中国发展进步的根本保证。"

党的十九届四中全会总结实践经验，在我们党已经明确的根本制度、基本制度、重要制度的基础上作出一些新的概括，把社会主义基本经济制度确定为"公有制为主体、多种所有制经济共同发展，按劳分配为主体、多种分配方式并存，社会主义市场经济体制等社会主义基本经济制度"，明确提出"坚持马克思主义在意识形态领域指导地位的根本制度"，对中国特色社会主义法治体系、中国特色社会主义行政体制、繁荣发展社会主义先进文化的制度、统筹城乡的民生保障制度、共建共治共享的社会治理制度、生态文明制度体系、党对人民军队的绝对领导制度、"一国两制"制度体系、党和国家监督体系等也进一步作出阐述。

中国特色社会主义根本制度、基本制度、重要制度，是对党和国家各方面事业作出的制度安排。这是我们编制发展规划、推进法治建设、制定政策措施、部署各项工作的制度遵循。

中国特色社会主义制度是一个严密完整的科学制度体系，起四梁八柱作用的是根本制度、基本制度、重要制度，其中具有统领地位的是党的领导制度。党的领导制度是我国的根本领导制度。必须坚持党政军民学、东西南北中，党是领导一切的，坚决维护党中央权威，健全总揽全局、协调各方的党的领导制度体系，把党的领导落实到国家治理各领域各方面各环节。这是党领导人民进行革命、建设、改革最可宝贵的经验。

《中共中央关于坚持和完善中国特色社会主义制度、推进国家治理体系和治理能力现代化若干重大问题的决定》指出："坚持和完善中国特色社会主义制度、推进国家治理体系和治理能力现代化的总体目标是，到我们党成立一百年时，在各方面制度更加成熟更加定型上取得明显成效；到二〇三五年，各方面制度更加完善，基本实现国家治理体系和治理能力现代化；到新中国成立一百年时，全面实现国家治理体系和治理能力现代化，使中国特色社会主义制度更加巩固、优越性充分展现。"

中国特色社会主义制度和国家治理体系是以马克思主义为指导、植根中国大地、具有深厚中华文化根基、深得人民拥护的制度和治理体系，是具有强大生命力和巨大优越性的制度和治理体系，是能够持续推动拥有14亿多人口大国进步和发展、确保拥有5000多年文明史的中华民族实现"两个一百年"奋斗目标进而实现伟大复兴的制度和治理体系。

随着中国特色社会主义进入新时代，我国发展处于新的历史方位，我国社会主要矛盾已经是人民日益增长的美好生活需要和不平衡不充分的发展之间的矛盾，我国国家治理面临许多新任务新要求，必然要求中国特色社会主义制度和国家治理体系更加完善、不断发展。

63.坚持和完善社会主义基本经济制度

党的十九届六中全会通过的《中共中央关于党的百年奋斗重大成就和历史经验的决议》,是在党的十九大报告"八个明确"的基础上,用"十个明确"对习近平新时代中国特色社会主义思想的核心内容作了进一步概括。其中,"第七个明确"是,"明确必须坚持和完善社会主义基本经济制度,使市场在资源配置中起决定性作用,更好发挥政府作用,把握新发展阶段,贯彻创新、协调、绿色、开放、共享的新发展理念,加快构建以国内大循环为主体、国内国际双循环相互促进的新发展格局,推动高质量发展,统筹发展和安全"。

党的十五大把"公有制为主体、多种所有制经济共同发展"确立为我国的基本经济制度,明确提出"非公有制经济是我国社会主义市场经济的重要组成部分"。党的十六大提出"毫不动摇地巩固和发展公有制经济","毫不动摇地鼓励、支持和引导非公有制经济发展"。党的十八大进一步提出"毫不动摇鼓励、支持、引导非公有制经济发展,保证各种所有制经济依法平等使用生产要素、公平参与市场竞争、同等受到法律保护"。党的十八大以来,习近平总书记多次重申坚持基本经济制度,坚持"两个毫不动摇"。党的十九大把"两个毫不动摇"写入新时代坚持和发展中国特色社会主义的基本方略,作为党和国家一项大政方针进一步确定下来。

党的十九届四中全会通过的《中共中央关于坚持和完善中国特色社会主义制度、推进国家治理体系和治理能力现代化若干重大问题的决定》第六部分"坚持和完善社会主义基本经济制度,推动经济高质量发展"全面阐述了我国的基本经济制度。该决定指出,公有制为主体、多种所有制经济共同发展,按劳分配为主体、多种分配方式并存,社会主义市场经济体制等社会主义基本经济制度,既体现了社会主义制度优越性,又同我国社会主义初级阶段社会生产力发展水平相适应,是党和人民的伟大创造。

我们党在坚持基本经济制度上的观点是明确的、一贯的,从来没有动摇。我国公有制经济是长期以来在国家发展历程中形成的,积累了大量财富,这是全体人民的共同财富,必须保管好、使用好、发展好,让其不断保值升值,决不能让大量国有资产闲置了、流失了、浪费了。我们推进国有企业改革发展、加强对国有资产的监管、惩治国有资产领域发生的腐败现象,都是为了这个目的。同时,我们强调把公有制经济巩固好、发展好,同鼓励、支持、引导非公有制经济发展不是对立的,而是有机统一的。公有制经济、非公有制经济应该相辅相成、相得益彰,而不是相互排斥、相互抵消。

改革开放40多年来,我国民营经济从小到大、从弱到强,不断发展壮大。概括起来说,民营经济具有"五六七八九"的特征,即贡献了50%以上的税收,60%以上的国内生产总值,70%以上的技术创新成果,80%以上的城镇劳动就业,90%以上的企业数量。我国民营经济已经成为推动我国发展不可或缺的力量,成为创业就业的主要领域、技术创新的重要主体、国家税收的重要来源,为我国社会主义市场经济发展、政府职能转变、农村富余劳动力转移、国际市场开拓等发挥了重要作用。任何否定、怀疑、动摇我国基本经济制度的言行都不符合党和国家方针政策。

我们要探索公有制多种实现形式,推进国有经济布局优化和结构调整,发展混合所有制经济,增强国有经济竞争力、创新力、控制力、影响力、抗风险能力,做强做优做大国有资本。深化国有企业改革,完善中国特色现代企业制度。形成以管资本为主的国有资产监管体制，有效发挥国有资本投资、运营公司功能作用。健全支持民营经济、外商投资企业发展的法治环境，完善构建亲清政商关系的政策体系，健全支持中小企业发展制度，促进非公有制经济健康发展和非公有制经济人士健康成长。营造各种所有制主体依法平等使用资源要素、公开公平公正参与竞争、同等受到法律保护的市场环境。深化农村集体产权制度改革，发展农村集体经济，完善农村基本经营制度。

64.中国新型政党制度

政党制度是现代民主政治的重要实现形式，是国家政治制度的重要组成部分。一个国家实行什么样的政党制度，是由这个国家的历史传统和现实国情决定的。世界政党制度具有多样性，没有也不可能有普遍适用于各国的政党制度。

中国共产党领导的多党合作和政治协商制度是中国的一项基本政治制度。这一制度既植根中国土壤、彰显中国智慧，又积极借鉴和吸收人类政治文明优秀成果，是中国新型政党制度。《中华人民共和国宪法》规定："中国共产党领导的多党合作和政治协商制度将长期存在和发展。"

2018年3月4日，习近平总书记在看望参加全国政协十三届一次会议的民盟、致公党、无党派人士、侨联界委员时指出："中国共产党领导的多党合作和政治协商制度作为我国一项基本政治制度，是中国共产党、中国人民和各民主党派、无党派人士的伟大政治创造，是从中国土壤中生长出来的新型政党制度。"中国新型政党制度中包括中国共产党和八个民主党派，以及无党派人士。八个民主党派是中国国民党革命委员会（简称民革）、中国民主同盟（简称民盟）、中国民主建国会（简称民建）、中国民主促进会（简称民进）、中国农工民主党（简称农工党）、中国致公党（简称致公党）、九三学社、台湾民主自治同盟（简称台盟）。中国共产党同各民主党派长期共存、互相监督、肝胆相照、荣辱与共，形成了"共产党领导、多党派合作，共产党执政、多党派参政"的政治格局。

长期以来，中国共产党同各民主党派风雨同舟、共同奋斗，一道前进、一道经受考验，形成了通力合作、团结和谐的新型政党关系。民主党派不是在野党、反对党，也不是旁观者、局外人，而是在中国共产党领导下参与国家治理的参政党。人民代表大会是中国人民行使国家权力的机关，也是民主党派成员和无党派人士发挥作用的重要机构。民主党派成员和无党派人士担任政府和司法机关领导职务，积极履职尽责、担当作为。国务院和地方政府重视发挥各民主党派、无党派人士的作用。

中国人民政治协商会议是中国人民爱国统一战线的组织，是中国共产党领导的多党合作和政治协商的重要机构，是中国政治生活中发扬社会主义民主的重要形式，是社会主义协商民主的重要渠道和专门协商机构，是国家治理体系的重要组成部分和具有中国特色的制度安排。

我国的新型政党制度，新就新在它是马克思主义政党理论同中国实际相结合的产物，能够真实、广泛、持久代表和实现最广大人民根本利益、全国各族各界根本利益，有效避免了旧式政党制度代表少数人、少数利益集团的弊端；新就新在它把各个政党和无党派人士紧密团结起来、为着共同目标而奋斗，有效避免了一党缺乏监督或者多党轮流坐庄、恶性竞争的弊端；新就新在它通过制度化、程序化、规范化的安排集中各种意见和建议、推动决策科学化民主化，有效避免了旧式政党制度囿于党派利益、阶级利益、区域和集团利益决策施政导致社会撕裂的弊端。它不仅符合当代中国实际，而且符合中华民族一贯倡导的天下为公、兼容并蓄、求同存异等优秀传统文化，是对人类政治文明的重大贡献。

中国新型政党制度创造了一种新的政党政治模式，在中国的政治和社会生活中显示出独特优势和强大生命力，在推进国家治理体系和治理能力现代化中发挥了不可替代的作用，也为人类政治文明发展作出了重大贡献。

2021年6月，国务院新闻办公室发表《中国新型政党制度》白皮书，全面系统地阐述了我国的政党制度。经过70多年的发展，中国新型政党制度日渐成熟，为当代世界政党政治的发展贡献了中国智慧，也成为人类政治文明的新模式。在中国共产党百年华诞的重大时刻和"两个一百年"历史交汇的关键节点，展望未来，中国将坚定不移坚持中国共产党的领导，坚定不移走中国特色社会主义政治发展道路，坚定不移坚持和完善中国新型政党制度。

65.把我国制度优势转化为治理效能

2020年4月27日，习近平总书记主持召开中央全面深化改革委员会第十三次会议并发表重要讲话强调，我国疫情防控和复工复产之所以能够有力推进，根本原因是党的领导和我国社会主义制度的优势发挥了无可比拟的重要作用。发展环境越是严峻复杂，越要坚定不移深化改革，健全各方面制度，完善治理体系，促进制度建设和治理效能更好转化融合，善于运用制度优势应对风险挑战冲击。

2021年10月，习近平总书记在中央人大工作会议上发表重要讲话强调，"当今世界正经历百年未有之大变局，制度竞争是综合国力竞争的重要方面，制度优势是一个国家赢得战略主动的重要优势。历史和现实都表明，制度稳则国家稳，制度强则国家强"。新中国成立70多年来，中华民族之所以能迎来从站起来、富起来到强起来的伟大飞跃，最根本的是因为党领导人民建立和完善了中国特色社会主义制度，形成和发展了党的领导和经济、政治、文化、社会、生态文明、军事、外事等各方面制度，不断加强和完善国家治理。

一个国家选择什么样的国家制度和国家治理体系，是由这个国家的历史文化、社会性质、经济发展水平决定的。中国特色社会主义制度和国家治理体系不是从天上掉下来的，而是在中国的社会土壤中生长起来的，是经过革命、建设、改革长期实践形成的，是马克思主义基本原理同中国具体实际相结合的产物，是理论创新、实践创新、制度创新相统一的成果，凝结着党和人民的智慧，具有深刻的历史逻辑、理论逻辑、实践逻辑。

中国特色社会主义制度和国家治理体系具有深厚的历史底蕴。在几千年的历史演进中，中华民族创造了灿烂的古代文明，形成了关于国家制度和国家治理的丰富思想。马克思主义传入中国后，科学社会主义的主张受到中国人民热烈欢迎，并最终扎根中国大地、开花结果，决不是偶然的，而是同我国传承了几千年的优秀历史文化和广大人民日用而不觉的价值观念融通的。中国特色社会主义制度和国家治理体系是以马克思主义为指导、植根中国大地、具有深厚中华文化根基、深得人民拥护的制度和治理体系。

我国国家制度和国家治理体系之所以具有多方面的显著优势，很重要的一点就在于我们党在长期实践探索中，坚持把马克思主义基本原理同中国具体实际相结合，使我国国家制度和国家治理体系既体现了科学社会主义基本原则，又具有鲜明的中国特色、民族特色、时代特色。

始终代表最广大人民根本利益，保证人民当家作主，体现人民共同意志，维护人民合法权益，是我国国家制度和国家治理体系的本质属性，也是我国国家制度和国家治理体系有效运行、充满活力的根本所在。我国国家制度和国家治理体系始终着眼于实现好、维护好、发展好最广大人民根本利益，着力保障和改善民生，使改革发展成果更多更公平惠及全体人民，因而可以有效避免出现党派纷争、利益集团偏私、少数政治"精英"操弄等现象，具有无可比拟的先进性。

我们从来不排斥任何有利于中国发展进步的他国国家治理经验，而是坚持以我为主、为我所用，去其糟粕、取其精华。在社会主义建设时期，我国国家制度和国家治理体系就借鉴吸收了苏联的许多有益经验。改革开放以来，我们不断扩大对外开放，把社会主义制度和市场经济有机结合起来，既充分发挥市场在资源配置中的决定性作用，又更好发挥政府作用，极大解放和发展了社会生产力，极大解放和增强了社会活力。

中国特色社会主义制度和国家治理体系具有丰富的实践成果。新中国成立70多年来，我们党领导人民创造了世所罕见的两大奇迹：经济快速发展奇迹和社会长期稳定奇迹。可以说，在人类文明发展史上，除了中国特色社会主义制度和国家治理体系外，没有任何一种国家制度和国家治理体系能够在这样短的历史时期内创造出我国取得的经济快速发展、社会长期稳定这样的奇迹。

我们既要坚持好、巩固好经过长期实践检验的我国国家制度和国家治理体系，又要完善好、发展好我国国家制度和国家治理体系，不断把我国制度优势更好转化为国家治理效能。

66.发展全过程人民民主

民主是全人类的共同价值,是中国共产党和中国人民始终不渝坚持的重要理念。2021年10月,习近平总书记在中央人大工作会议上指出,党的十八大以来,我们深化对民主政治发展规律的认识,提出全过程人民民主的重大理念。

"全过程人民民主"是以习近平同志为核心的党中央提出的重大理念,大大深化了我们党对民主政治发展规律的认识。2019年11月2日,习近平总书记来到上海市长宁区虹桥街道古北市民中心,同正在参加立法意见征询的社区居民代表亲切交流,明确指出:"人民民主是一种全过程的民主。"2021年7月1日,在庆祝中国共产党成立100周年大会上,习近平总书记强调要"发展全过程人民民主"。2021年10月,在中央人大工作会议上,习近平总书记对这一重大理念作出深刻阐释:"我国全过程人民民主实现了过程民主和成果民主、程序民主和实质民主、直接民主和间接民主、人民民主和国家意志相统一,是全链条、全方位、全覆盖的民主,是最广泛、最真实、最管用的社会主义民主。"我们要继续推进全过程人民民主建设,把人民当家作主具体地、现实地体现到党治国理政的政策措施上来,具体地、现实地体现到党和国家机关各个方面各个层级工作上来,具体地、现实地体现到实现人民对美好生活向往的工作上来。

全过程民主充分体现在民主选举、民主协商、民主决策、民主管理、民主监督等国家治理实践当中。截至2021年4月,全国各级人民代表大会代表共有262万多人,来自各民族、各行业、各阶层、各党派,均有相当数量的工人、农民代表。2021年全国"两会"上,代表委员认真审查讨论规划纲要草案,最终,在吸收各方面意见和建议基础上对规划纲要草案拟作出55处修改。十三届全国人大四次会议闭幕会上高票通过"十四五"规划和2035年远景目标纲要的决议。以上这些数据和事实，都是广泛真实管用的全过程人民民主的生动写照。

人民代表大会制度是实现我国全过程人民民主的重要制度载体，是保证中国人民当家作主的重要途径和最高实现形式。人民代表大会制度是符合我国国情和实际、体现社会主义国家性质、保证人民当家作主、保障实现中华民族伟大复兴的好制度，是我们党领导人民在人类政治制度史上的伟大创造，是在我国政治发展史乃至世界政治发展史上具有重大意义的全新政治制度。

民主是各国人民的权利，而不是少数国家的专利。一个国家是不是民主，应该由这个国家的人民来评判，而不应该由外部少数人指手画脚来评判。哪个国家是不是民主，应该由国际社会共同来评判，而不应该由自以为是的少数国家来评判。英国著名学者马丁·雅克指出："长期以来被西方轻视的中国治理体系已经成为美国民主体制的强大挑战。过去40多年当中，哪种治理更有效，哪种最为民，自不待言。"墨西哥前驻香港总领事爱德华多·罗尔丹也认为："中国特色社会主义民主政治区别于西方民主的显著特征，就是全过程民主。这是一种以人民为中心的参与式民主，具有极大的创新价值和实践意义。"2021年5月4日，西班牙中国政策观察网站发表题为《当民主就是信任》的文章指出，不承认中国拥有西方许多所谓"民主国家"都想拥有的公民支持度，是有失公允的。实现民主有多种方式，不可能千篇一律。用单一的标尺衡量世界丰富多彩的政治制度，用单调的眼光审视人类五彩缤纷的政治文明，本身就是不民主的。

民主不是装饰品，不是用来做摆设的，而是要用来解决人民需要解决的问题的。一个国家民主不民主，关键在于是不是真正做到了人民当家作主，要看人民有没有投票权，更要看人民有没有广泛参与权；要看人民在选举过程中得到了什么口头许诺，更要看选举后这些承诺实现了多少；要看制度和法律规定了什么样的政治程序和政治规则，更要看这些制度和法律是不是真正得到了执行；要看权力运行规则和程序是否民主，更要看权力是否真正受到人民监督和制约。如果人民只有在投票时被唤醒、投票后就进入休眠期，只有竞选时聆听天花乱坠的口号、竞选后就毫无发言权，只有拉票时受宠、选举后就被冷落，这样的民主不是真正的民主。

马克思、恩格斯说过："民主是什么呢？它必须具备一定的意义，否则它就不能存在。因此全部问题在于确定民主的真正意义。"实现民主政治的形式是丰富多彩的，不能拘泥于刻板的模式。实践充分证明，中国式民主在中国行得通、很管用。

67. 新时代党的治疆方略

2020年9月25日至26日，第三次中央新疆工作座谈会在北京召开，习近平总书记提出新时代党的治疆方略。

习近平总书记强调，当前和今后一个时期，做好新疆工作，要完整准确贯彻新时代党的治疆方略，牢牢扭住新疆工作总目标，依法治疆、团结稳疆、文化润疆、富民兴疆、长期建疆，以推进治理体系和治理能力现代化为保障。多谋长远之策，多行固本之举，努力建设团结和谐、繁荣富裕、文明进步、安居乐业、生态良好的新时代中国特色社会主义新疆。

党的十八大以来，党中央深化对治疆规律的认识和把握，形成了新时代党的治疆方略,坚持从战略上审视和谋划新疆工作,坚持把社会稳定和长治久安作为新疆工作总目标,坚持以凝聚人心为根本,坚持铸牢中华民族共同体意识,坚持我国宗教中国化方向,坚持弘扬和培育社会主义核心价值观,坚持紧贴民生推动高质量发展,坚持加强党对新疆工作的领导。实践证明,新时代党的治疆方略完全正确,必须长期坚持。全党要把贯彻新时代党的治疆方略作为一项政治任务,在完整准确贯彻上下功夫,确保新疆工作始终保持正确政治方向。

保持新疆社会大局持续稳定长期稳定,要高举社会主义法治旗帜,弘扬法治精神,把全面依法治国的要求落实到新疆工作各个领域。要全面形成党委领导、政府负责、社会协同、公众参与、法治保障的社会治理体制,打造共建共治共享的社会治理格局。

要以铸牢中华民族共同体意识为主线,不断巩固各民族大团结。新疆自古以来就是多民族聚居地区,新疆各民族是中华民族血脉相连的家庭成员。要加强中华民族共同体历史、中华民族多元一体格局的研究,将中华民族共同体意识教育纳入新疆干部教育、青少年教育、社会教育,教育引导各族干部群众树立正确的国家观、历史观、民族观、文化观、宗教观,让中华民族共同体意识根植心灵深处。要促进各民族广泛交往、全面交流、深度交融。要坚持新疆伊斯兰教中国化方向,实现宗教健康发展。要深入做好意识形态领域工作,深入开展文化润疆工程。

发展是新疆长治久安的重要基础。要发挥新疆区位优势,以推进丝绸之路经济带核心区建设为驱动,把新疆自身的区域性开放战略纳入国家向西开放的总体布局中,丰富对外开放载体,提升对外开放层次,创新开放型经济体制,打造内陆开放和沿边开放的高地。要推动工业强基增效和转型升级,培育壮大新疆特色优势产业,带动当地群众增收致富。要科学规划建设，全面提升城镇化质量。要坚持绿水青山就是金山银山的理念，坚决守住生态保护红线，统筹开展治沙治水和森林草原保护工作，让大美新疆天更蓝、山更绿、水更清。

68.新时代党的治藏方略

2020年8月28日至29日，中央第七次西藏工作座谈会在北京召开。习近平总书记在座谈会上发表重要讲话指出，"党中央历来高度重视西藏工作，改革开放以来先后召开6次西藏工作座谈会，每次都根据现实情况作出重大决策部署。党的十八大以来，西藏工作面临的形势和任务发生深刻变化，我们深化对西藏工作的规律性认识，总结党领导人民治藏稳藏兴藏的成功经验，形成了新时代党的治藏方略"。

在此次座谈会上，习近平总书记把新时代党的治藏方略总结为"十个必须"：做好西藏工作，必须坚持中国共产党领导、中国特色社会主义制度、民族区域自治制度，必须坚持治国必治边、治边先稳藏的战略思想，必须把维护祖国统一、加强民族团结作为西藏工作的着眼点和着力点，必须坚持依法治藏、富民兴藏、长期建藏、凝聚人心、夯实基础的重要原则，必须统筹国内国际两个大局，必须把改善民生、凝聚人心作为经济社会发展的出发点和落脚点，必须促进各民族交往交流交融，必须坚持我国宗教中国化方向、依法管理宗教事务，必须坚持生态保护第一，必须加强党的建设特别是政治建设。新时代党的治藏方略是做好西藏工作的根本遵循，必须长期坚持、全面落实。

我们要准确把握西藏工作的阶段性特征，扎实做好群众工作，提高社会治理水平，确保国家安全、社会稳定、人民幸福。要坚持把民族团结进步宣传教育与社会主义核心价值观教育、爱国主义教育、反分裂斗争教育、新旧西藏对比教育和马克思主义国家观、历史观、民族观、文化观、宗教观教育结合起来，多谋长久之策，多行固本之举。要加强民族交往交流交融，不断增强各族群众对伟大祖国、中华民族、中华文化、中国共产党、中国特色社会主义的认同，打牢民族团结的思想基础。

推动西藏高质量发展，要坚持所有发展都要赋予民族团结进步的意义，都要赋予改善民生、凝聚人心的意义，都要有利于提升各族群众获得感、幸福感、安全感。要扬长避短，因地制宜，深化改革开放，加快铁路、公路及其他重大基础设施建设，发展特色产业，加快建设国家清洁能源基地，统筹发展和安全，走出一条符合西藏实际的高质量发展之路。

保护好西藏生态环境，利在千秋、泽被天下。要牢固树立绿水青山就是金山银山、冰天雪地也是金山银山的理念，保持战略定力，提高生态环境治理水平，推动青藏高原生物多样性保护，坚定不移走生态优先、绿色发展之路，努力建设人与自然和谐共生的现代化，切实保护好地球第三极生态。

69. 铸牢中华民族共同体意识是新时代党的民族工作的"纲"

2021年8月27日至28日，中央民族工作会议在北京召开。习近平总书记强调，铸牢中华民族共同体意识是新时代党的民族工作的"纲"，所有工作要向此聚焦。

我们伟大的祖国，幅员辽阔，文明悠久，中华民族多元一体是先人们留给我们的丰厚遗产，也是我国发展的巨大优势。

一部中国史，就是一部各民族交融汇聚成多元一体中华民族的历史，就是各民族共同缔造、发展、巩固统一的伟大祖国的历史。各民族之所以团结融合，多元之所以聚为一体，源自各民族文化上的兼收并蓄、经济上的相互依存、情感上的相互亲近，源自中华民族追求团结统一的内生动力。正因为如此，中华文明才具有无与伦比的包容性和吸纳力，才可久可大、根深叶茂。

做好新时代党的民族工作，要把铸牢中华民族共同体意识作为党的民族工作的主线。铸牢中华民族共同体意识，就是要引导各族人民牢固树立休戚与共、荣辱与共、生死与共、命运与共的共同体理念。铸牢中华民族共同体意识是维护各民族根本利益的必然要求，只有铸牢中华民族共同体意识，构建起维护国家统一和民族团结的坚固思想长城，各民族共同维护好国家安全和社会稳定，才能有效抵御各种极端、分裂思想的渗透颠覆，才能不断实现各族人民对美好生活的向往，才能实现好、维护好、发展好各民族根本利益。铸牢中华民族共同体意识是实现中华民族伟大复兴的必然要求，只有铸牢中华民族共同体意识，才能有效应对实现中华民族伟大复兴过程中民族领域可能发生的风险挑战，才能为党和国家兴旺发达、长治久安提供重要思想保证。铸牢中华民族共同体意识是巩固和发展平等团结互助和谐社会主义民族关系的必然要求，只有铸牢中华民族共同体意识，才能增进各民族对中华民族的自觉认同，夯实我国民族关系发展的思想基础，推动中华民族成为认同度更高、凝聚力更强的命运共同体。铸牢中华民族共同体意识是党的民族工作开创新局面的必然要求，只有顺应时代变化，按照增进共同性的方向改进民族工作，做到共同性和差异性的辩证统一、民族因素和区域因素的有机结合，才能把新时代党的民族工作做好做细做扎实。

要全面推进中华民族共有精神家园建设,要在党史、新中国史、改革开放史、社会主义发展史学习教育中,深入总结我们党百年民族工作的成功经验,深化对我们党关于加强和改进民族工作重要思想的研究,加强现代文明教育,深入实施文明创建、公民道德建设、时代新人培育等工程,引导各族群众在思想观念、精神情趣、生活方式上向现代化迈进。要推广普及国家通用语言文字,科学保护各民族语言文字,尊重和保障少数民族语言文字学习和使用。

各族人民亲如一家,是中华民族伟大复兴必定要实现的根本保证。实现中华民族伟大复兴的中国梦,就要以铸牢中华民族共同体意识为主线,把民族团结进步事业作为基础性事业抓紧抓好。我们要全面贯彻党的民族理论和民族政策,坚持共同团结奋斗、共同繁荣发展,促进各民族像石榴籽一样紧紧拥抱在一起,推动中华民族走向包容性更强、凝聚力更大的命运共同体。

70. 新中国第一部以"法典"命名的法律

2020年5月28日,十三届全国人大三次会议审议通过了《中华人民共和国民法典》。这是新中国成立以来第一部以"法典"命名的法律,是新时代我国社会主义法治建设的重大成果。中共中央政治局2020年5月29日就"切实实施民法典"举行第二十次集体学习。习近平总书记在主持学习时强调,安排这次集体学习,目的是充分认识颁布实施民法典的重大意义,更好推动民法典实施。

在我国革命、建设、改革各个历史时期,我们党都高度重视民事法律制定实施。革命战争年代,我们党在中央苏区、陕甘宁边区等局部地区就制定实施了涉及土地、婚姻、劳动、财经等方面的法律。新中国成立后，我国相继制定实施了婚姻法、土地改革法等重要法律和有关户籍、工商业、合作社、城市房屋、合同等方面的一批法令。我们党还于1954年、1962年、1979年、2001年4次启动制定和编纂民法典相关工作，但由于条件所限没有完成。

改革开放以来，我国民事商事法制建设步伐不断加快，先后制定或修订了中外合资经营企业法、婚姻法、经济合同法、商标法、专利法、涉外经济合同法、继承法、民法通则、土地管理法、企业破产法、外资企业法、技术合同法、中外合作经营企业法、著作权法、收养法、公司法、担保法、保险法、票据法、拍卖法、合伙企业法、证券法、合同法、农村土地承包法、物权法、侵权责任法等一大批民事商事法律，为编纂民法典奠定了基础、积累了经验。

党的十八大以来，我们顺应实践发展要求和人民群众期待，把编纂民法典摆上重要日程。党的十八届四中全会作出关于全面推进依法治国若干重大问题的决定，其中对编纂民法典作出部署。之后，习近平总书记主持3次中央政治局常委会会议，分别审议民法总则、民法典各分编、民法典3个草案。在各方面共同努力下，经过5年多工作，民法典终于颁布实施，实现了几代人的夙愿。

民法典共7编1260条、10万多字，是我国法律体系中条文最多、体量最大、编章结构最复杂的一部法律。民法典调整规范自然人、法人等民事主体之间的人身关系和财产关系，这是社会生活和经济生活中最普通、最常见的社会关系和经济关系，涉及经济社会生活方方面面。民法典把我国多年来实行社会主义市场经济体制和加强社会主义法治建设取得的一系列重要制度成果用法典的形式确定下来，规范经济生活和经济活动赖以依托的财产关系、交易关系。民法典是全面依法治国的重要制度载体，很多规定同有关国家机关直接相关，直接涉及公民和法人的权利义务关系。

民法典系统整合了新中国成立70多年来长期实践形成的民事法律规范，汲取了中华民族5000多年优秀法律文化，借鉴了人类法治文明建设有益成果，是一部体现我国社会主义性质、符合人民利益和愿望、顺应时代发展要求的民法典，是一部体现对生命健康、财产安全、交易便利、生活幸福、人格尊严等各方面权利平等保护的民法典，是一部具有鲜明中国特色、实践特色、时代特色的民法典。

民法典在中国特色社会主义法律体系中具有重要地位，是一部固根本、稳预期、利长远的基础性法律，对推进全面依法治国、加快建设社会主义法治国家，对发展社会主义市场经济、巩固社会主义基本经济制度，对坚持以人民为中心的发展思想、依法维护人民权益、推动我国人权事业发展，对推进国家治理体系和治理能力现代化，都具有重大意义。

八
人与自然和谐共生的现代化

我国建设社会主义现代化具有许多重要特征，其中之一就是我国现代化是人与自然和谐共生的现代化，注重同步推进物质文明建设和生态文明建设。

——习近平在中共中央政治局第二十九次集体学习时的讲话，2021年4月30日

71. 生态兴则文明兴

2003年，时任浙江省委书记的习近平同志，在《求是》杂志上发表署名文章，提出了"生态兴则文明兴，生态衰则文明衰"这一重要论断。这不是危言耸听，巴比伦、玛雅等一度兴盛的文明，因为生态环境的恶化，由盛转衰，甚至毁灭。我们只有一个地球，爱护地球就是爱护我们自己的生存家园。

恩格斯在《自然辩证法》中说过，美索不达米亚、希腊、小亚细亚以及其他各地的居民，为了得到耕地，毁灭了森林，但是他们做梦也想不到，这些地方今天竟因此而成为不毛之地，因为他们使这些地方失去了森林，也就失去了水分的积聚中心和贮藏库。阿尔卑斯山的意大利人，当他们在山南坡把那些在山北坡得到精心保护的枞树林砍光用尽时，没有预料到，这样一来，他们把本地区的高山畜牧业的根基毁掉了；他们更没有预料到，他们这样做，竟使山泉在一年中的大部分时间内枯竭了，同时在雨季又使更加凶猛的洪水倾泻到平原上。

20世纪，发生在西方国家的"世界八大公害事件"对生态环境和公众生活造成巨大影响。其中，洛杉矶光化学烟雾事件，先后导致近千人死亡、75%以上市民患上红眼病。伦敦烟雾事件，1952年12月首次暴发的短短几天内，致死人数高达4000人，随后2个月内又有近8000人死于呼吸系统疾病，此后1956年、1957年、1962年又连续发生多达12次严重的烟雾事件。日本水俣病事件，因工厂把含有甲基汞的废水直接排放到水俣湾中，人食用受污染的鱼和贝类后患上极为痛苦的汞中毒病，患者近千人，受威胁者多达2万人。美国作家蕾切尔·卡逊的《寂静的春天》一书对这些状况作了详细描述。

据史料记载，现在植被稀少的黄土高原、渭河流域、太行山脉也曾是森林遍布、山清水秀，地宜耕植、水草便畜。由于毁林开荒、滥砍乱伐，这些地方生态环境遭到严重破坏。塔克拉玛干沙漠的蔓延，湮没了盛极一时的丝绸之路。河西走廊沙漠的扩展，毁坏了敦煌古城。科尔沁、毛乌素沙地和乌兰布和沙漠的蚕食，侵占了富饶美丽的蒙古草原。楼兰古城因屯垦开荒、盲目灌溉，导致孔雀河改道而衰落。河北北部的围场，早年树海茫茫、水草丰美，但从同治年间开围放垦，致使千里松林几乎荡然无存，出现了几十万亩的荒山秃岭。这些深刻教训，我们一定要认真吸取。

在对待自然问题上，恩格斯深刻指出："我们不要过分陶醉于我们人类对自然界的胜利。对于每一次这样的胜利，自然界都对我们进行报复。每一次胜利，起初确实取得了我们预期的结果，但是往后和再往后却发生完全不同的、出乎预料的影响，常常把最初的结果又消除了。"人因自然而生，人与自然是一种共生关系，对自然的伤害最终会伤及人类自身。只有尊重自然规律，才能有效防止在开发利用自然上走弯路。

第一次工业革命以来，人类利用自然的能力不断提高，但过度开发也导致生物多样性减少，迫使野生动物迁徙，增加野生动物体内病原的扩散传播。新世纪以来，从非典到禽流感、中东呼吸综合征、埃博拉病毒，再到这次新冠肺炎疫情，全球新发传染病频率明显升高。只有更好平衡人与自然的关系，维护生态系统平衡，才能守护人类健康。

72.可持续发展战略

可持续发展，是既满足当代人的需求，又不损害后代人满足其需求的发展。它不是追求短期效益,而是注重长远发展。只有坚持可持续发展,我国的经济、文化、环境、社会等各项事业才能取得长足进步。

保护环境,促进经济发展同人口资源环境相协调,促进人与自然相和谐,实现可持续发展,这是国际社会在工业化、城市化和经济全球化进程中普遍关注的重大问题。2021年11月11日,习近平主席应邀在北京以视频方式向亚太经合组织工商领导人峰会发表题为《坚持可持续发展 共建亚太命运共同体》的主旨演讲。他强调,我们要准确理解可持续发展理念,坚持以人民为中心,协调好经济增长、民生保障、节能减排,在经济发展中促进绿色转型、在绿色转型中实现更大发展。

生态环境是关系党的使命宗旨的重大政治问题,也是关系民生的重大社会问题。我们党历来高度重视生态环境保护,把节约资源和保护环境确立为基本国策,把可持续发展确立为国家战略。

可持续发展战略是20世纪90年代党和国家为适应新的发展要求和时代潮流而实施的一项重要战略。1992年,我国政府向联合国环境与发展大会提交了《中华人民共和国环境与发展报告》,阐述了中国关于可持续发展的基本立场和观点。1994年,中国政府制定并批准通过了《中国21世纪议程——中国21世纪人口、环境与发展白皮书》,确立了中国可持续发展的总体战略框架和各个领域的主要目标。

1995年,党的十四届五中全会提出,要把实现可持续发展作为一项重大战略。1997年,党的十五大进一步明确将可持续发展战略作为中国经济发展的战略之一。此后,历次党代会、全国人大会议,都突出强调了可持续发展战略的实施和要求。

党的十八大提出:建设生态文明,是关系人民福祉、关乎民族未

八、人与自然和谐共生的现代化

来的长远大计。面对资源约束趋紧、环境污染严重、生态系统退化的严峻形势，必须树立尊重自然、顺应自然、保护自然的生态文明理念，把生态文明建设放在突出地位，融入经济建设、政治建设、文化建设、社会建设各方面和全过程，努力建设美丽中国，实现中华民族永续发展。

在党的十九大报告中，习近平总书记进一步强调，建设生态文明是中华民族永续发展的千年大计，并把"坚持人与自然和谐共生"作为14条基本方略之一。

2014年7月8日，习近平总书记在经济形势专家座谈会上指出，实现我们确定的奋斗目标，必须坚持以经济建设为中心，坚持发展是党执政兴国的第一要务，不断推动经济持续健康发展。发展必须是遵循经济规律的科学发展，必须是遵循自然规律的可持续发展。

地球是人类赖以生存的唯一家园。我们要坚持以人为本，让良好生态环境成为全球经济社会可持续发展的重要支撑，实现绿色增长。建立绿色低碳发展的经济体系，促进经济社会发展全面绿色转型，才是实现可持续发展的长久之策。要加快形成绿色低碳交通运输方式，加强绿色基础设施建设，推广新能源、智能化、数字化、轻量化交通装备，鼓励引导绿色出行，让交通更加环保、出行更加低碳。要践行共商共建共享的全球治理观，集众智、汇众力，动员全球资源，应对全球挑战，促进全球发展。要维护联合国权威和地位，围绕落实联合国2030年可持续发展议程，全面推进减贫、卫生、交通物流、基础设施建设等合作。

生态文明建设功在当代、利在千秋。我们要牢固树立社会主义生态文明观，推动形成人与自然和谐发展现代化建设新格局，为保护生态环境作出我们这代人的努力。

73.绿水青山就是金山银山

2005年8月15日,时任浙江省委书记的习近平同志在安吉余村考察时首次提出"绿水青山就是金山银山"。余村坚定践行这一理念,走出了一条生态美、产业兴、百姓富的可持续发展之路,美丽乡村建设在余村变成了现实。

2013年9月7日,习近平主席在哈萨克斯坦纳扎尔巴耶夫大学回答学生提问时完整阐述了"两山论":"我们既要绿水青山,也要金山银山。宁要绿水青山,不要金山银山,而且绿水青山就是金山银山。"这三句话各有侧重,又有机统一,阐明了发展经济和保护生态环境的辩证统一关系,甚至把保护生态环境放在更为优先的位置,一旦经济发展与生态保护发生冲突矛盾时,必须毫不犹豫地把保护生态环境放在首位,绝不能再走"先污染,后治理"的老路。

习近平同志对生态环境工作非常重视。在正定、厦门、宁德、福建、浙江、上海等地工作期间,都把这项工作作为一项重大工作来抓。党的十八大以来,习近平总书记分别就严重破坏生态环境事件以及长江经济带"共抓大保护、不搞大开发"作出指示批示,要求严肃查处,扭住不放,一抓到底,不彻底解决绝不松手,确保绿水青山常在、各类自然生态系统安全稳定。

改革开放以来,我国经济发展取得历史性成就,这是值得我们自豪和骄傲的,也是世界上很多国家羡慕我们的地方。同时必须看到,我们也积累了大量生态环境问题,成为明显的短板,成为人民群众反映强烈的突出问题。比如,各类环境污染呈高发态势,成为民生之患、民心之痛。这样的状况,必须下大气力扭转。

生态环境没有替代品,用之不觉,失之难存。在生态环境保护上,一定要树立大局观、长远观、整体观，不能因小失大、顾此失彼、寅吃卯粮、急功近利。我们要坚持节约资源和保护环境的基本国策，像保护眼睛一样保护生态环境，像对待生命一样对待生态环境，推动形成绿色发展方式和生活方式，协同推进人民富裕、国家强盛、中国美丽。

2018年5月18日，习近平总书记在全国生态环境保护大会上的讲话中指出，现在，随着我国社会主要矛盾转化为人民日益增长的美好生活需要和不平衡不充分的发展之间的矛盾，人民群众对优美生态环境需要已经成为这一矛盾的重要方面，广大人民群众热切期盼加快提高生态环境质量。人民对美好生活的向往是我们党的奋斗目标，解决人民最关心最直接最现实的利益问题是执政党使命所在。人心是最大的政治。我们要积极回应人民群众所想、所盼、所急，大力推进生态文明建设，提供更多优质生态产品，不断满足人民日益增长的优美生态环境需要。

绿水青山就是金山银山，这是重要的发展理念，也是推进现代化建设的重大原则。绿水青山就是金山银山，阐述了经济发展和生态环境保护的关系，揭示了保护生态环境就是保护生产力、改善生态环境就是发展生产力的道理，指明了实现发展和保护协同共生的新路径。绿水青山既是自然财富、生态财富，又是社会财富、经济财富。保护生态环境就是保护自然价值和增值自然资本，就是保护经济社会发展潜力和后劲，使绿水青山持续发挥生态效益和经济社会效益。

生态环境问题归根结底是发展方式和生活方式问题，要从根本上解决生态环境问题，必须贯彻创新、协调、绿色、开放、共享的发展理念，加快形成节约资源和保护环境的空间格局、产业结构、生产方式、生活方式，把经济活动、人的行为限制在自然资源和生态环境能够承受的限度内，给自然生态留下休养生息的时间和空间。

74.建设美丽中国

党的十九届六中全会通过的《中共中央关于党的百年奋斗重大成就和历史经验的决议》强调:"党的十八大以来,党中央以前所未有的力度抓生态文明建设,全党全国推动绿色发展的自觉性和主动性显著增强,美丽中国建设迈出重大步伐,我国生态环境保护发生历史性、转折性、全局性变化。"

2018年5月18日,习近平总书记在全国生态文明大会上的讲话中指出,我国环境容量有限,生态系统脆弱,污染重、损失大、风险高的生态环境状况还没有根本扭转,并且独特的地理环境加剧了地区间的不平衡。"胡焕庸线"东南方43%的国土,居住着全国94%左右的人口,以平原、水网、低山丘陵和喀斯特地貌为主,生态环境压力巨大;该线西北方57%的国土,供养大约全国6%的人口,以草原、戈壁沙漠、绿洲和雪域高原为主,生态系统非常脆弱。说基本国情,这就是其中很重要的内容。

党的十八大以来,我们把生态文明建设作为统筹推进"五位一体"总体布局和协调推进"四个全面"战略布局的重要内容,开展一系列根本性、开创性、长远性工作,提出一系列新理念新思想新战略,生态文明理念日益深入人心,污染治理力度之大、制度出台频度之密、监管执法尺度之严、环境质量改善速度之快前所未有,推动生态环境保护发生历史性、转折性、全局性变化。

我们通过全面深化改革,加快推进生态文明顶层设计和制度体系建设,相继出台《关于加快推进生态文明建设的意见》《生态文明体制改革总体方案》,制定了涉及生态文明建设的改革方案,从总体目标、基本理念、主要原则、重点任务、制度保障等方面对生态文明建设进行全面系统部署安排。生态文明建设目标评价考核、自然资源资产离任审计、生态环境损害责任追究等制度出台实施，主体功能区制度逐步健全，省以下环保机构监测监察执法垂直管理、生态环境监测数据质量管理、排污许可、河（湖）长制、禁止洋垃圾入境等环境治理制度加快推进，绿色金融改革、自然资源资产负债表编制、环境保护税开征、生态保护补偿等环境经济政策制定和实施进展顺利。京津冀大气污染治理、长江经济带生态环境保护取得阶段性成效。我们还制定和修改环境保护法、环境保护税法以及大气、水污染防治法和核安全法等法律。全国人大常委会、最高人民法院、最高人民检察院对环境污染和生态破坏界定入罪标准，加大惩治力度，形成高压态势。

总体上看，我国生态环境质量持续好转，出现了稳中向好趋势，但成效并不稳固，稍有松懈就有可能出现反复，犹如逆水行舟，不进则退。生态文明建设正处于压力叠加、负重前行的关键期，已进入提供更多优质生态产品以满足人民日益增长的优美生态环境需要的攻坚期，也到了有条件有能力解决生态环境突出问题的窗口期。我们必须咬紧牙关，爬过这个坡，迈过这道坎。

2019年2月12日，美国航天局（NASA）发了一条推特：他们的卫星观测到，过去20年中，世界变得越来越"绿色"了。来自NASA地球的卫星资料显示，是中国和印度的行动主导了地球变绿。仅中国一个国家的植被增加量，就占到过去17年里全球植被总增加量25%以上，位居全球首位。

"西塞山前白鹭飞，桃花流水鳜鱼肥。青箬笠，绿蓑衣，斜风细雨不须归。"让我们在建设金山银山时，守好绿水青山；在共享现代文明的便捷舒适时，拥抱阳光和风的自然诗意；在携手共筑中国梦的征程中，建设美丽中国。

75.污染防治攻坚战

良好的生态环境是最公平的公共产品,是最普惠的民生福祉,是实现中华民族伟大复兴中国梦的重要依托。2014年11月10日,习近平主席在APEC欢迎宴会上的致辞中说:"青山常在,绿水常在,让孩子们都生活在良好的生态环境之中,这也是中国梦中很重要的内容。"阳光、空气、水和土,我们每一个人每天都在享用这大自然的馈赠,它们的价值在我们尽情享用中被严重低估。它们一旦遭受污染破坏,人类的生存将难以为继。

习近平总书记号召我们打好污染防治的几场标志性战役,打赢蓝天保卫战,打好柴油货车污染治理、城市黑臭水体治理、渤海综合治理、长江保护修复、水源地保护、农业农村污染治理攻坚战。坚持源头防治,调整产业结构、能源结构、运输结构、农业投入结构。

"十三五"时期,我国气势恢宏的污染防治攻坚战取得关键进展,"十三五"规划和污染防治攻坚战确定的9项约束性指标,有8项已提前完成,蓝天、碧水、净土保卫战成效显著,生态环境质量得到明显改善。

2020年,全国细颗粒物(PM2.5)平均浓度为33微克/立方米,比2015年下降28.3%,优良天数比例比2015年上升5.8个百分点;全国地表水国控断面水质优良(Ⅰ~Ⅲ类)和丧失使用功能(劣Ⅴ类)水体比例分别为83.4%和0.6%,比2015年分别提高17.4个百分点和降低9.1个百分点;全国近岸海域优良水质(一、二类)面积比例为77.4%,较2015年上升9个百分点;全国受污染耕地安全利用率和污染地块安全利用率均超过90%。生态环境质量改善优化了物种生境,恢复了各类生态系统功能,有效缓解了生物多样性丧失压力。

"十四五"时期,生态环保任务任重道远,生态环境压力依然处于高位，结构性污染问题比较突出，污染物总量超过环境容量，新老环境问题交织，部分地区污染严重，协同推进经济高质量发展和生态环境高水平保护更加迫切。

我们需要在精准治污、科学治污、依法治污上下功夫。精准治污，就是认真分析影响环境质量改善的主要矛盾和矛盾的主要方面，做到问题、时间、区位、对象、措施"五个精准"。科学治污，就是强化对环境问题成因机理及时空和内在演变规律研究，切实提高治理措施的针对性、有效性。依法治污，就是坚持依法行政、依法治理、依法保护，以法律的武器治理污染，用法治的力量保护生态环境。

在大气治理方面，加强细颗粒物和臭氧协同控制，强化区域协同治理，大幅降低颗粒物浓度，有效控制臭氧污染，大幅减少氮氧化物和挥发性有机物，基本消除重污染天气。在水体治理方面，统筹水资源利用、水生态保护和水环境治理，治理城乡生活环境，推进城镇污水管网全覆盖，基本消除城市臭黑水体。在土壤污染治理方面，加强危险废物医疗废物收集处理，重视新污染物治理，加强白色污染治理，保障土壤安全。把污染防治放在各项工作的重要位置，层层抓落实，动员社会各方力量，群防群治。在污染防治工作上，我们要有历史耐心，要有"功成不必在我"的胸怀，摒弃唯GDP论英雄的政绩观，把生态责任落到实处。

76.2030年前碳达峰行动方案

实现碳达峰、碳中和，是以习近平同志为核心的党中央统筹国内国际两个大局作出的重大战略决策，是着力解决资源环境约束突出问题、实现中华民族永续发展的必然选择，是构建人类命运共同体的庄严承诺。

2020年9月22日，习近平主席在第七十五届联合国大会一般性辩论上的讲话中宣布：中国将提高国家自主贡献力度，采取更加有力的政策和措施，二氧化碳排放力争于2030年前达到峰值，努力争取2060年前实现碳中和。

2021年10月，《2030年前碳达峰行动方案》发布。我国正在加速构建"1+N"政策体系，"1"是中国实现碳达峰、碳中和的指导思想和顶层设计，"N"是重点领域和行业实施方案，包括能源绿色低碳转型行动、工业领域碳达峰行动、交通运输绿色低碳行动、循环经济助力降碳行动等。中国将统筹低碳转型和民生需要，处理好发展同减排关系，如期实现碳达峰、碳中和目标。

我国是世界上第一个大规模开展 PM2.5 治理的发展中大国。我国率先发布《中国落实2030年可持续发展议程国别方案》，实施《国家应对气候变化规划（2014—2020年）》，向联合国交存《巴黎协定》批准文书。我国确定到2030年的4项自主行动目标，即二氧化碳排放2030年左右达到峰值并争取尽早达峰，单位国内生产总值二氧化碳排放比2005年下降60%~65%，非化石能源占一次性能源消费比重达到20%左右，森林蓄积量比2005年增加45亿立方米左右。

我国消耗臭氧层物质的淘汰量占发展中国家总量的50%以上，成为对全球臭氧层保护贡献最大的国家。2017年，我国同联合国环境署等国际机构一道发起，建立"一带一路"绿色发展国际联盟。

中国建成了全球最大的清洁能源系统，新能源汽车产销量连续5年居世界首位。根据"十四五"规划和2035年远景目标建议，中国将推动能源清洁低碳安全高效利用，加快新能源、绿色环保等产业发展，促进经济社会发展全面绿色转型。

从"十五"、"十一五"到"十三五"时期，我国的二氧化碳排放总量的年均增速大幅下降，排放总量增速显著放缓，基本扭转了二氧化碳排放较快增长的局面。

2020年11月22日，习近平主席在二十国集团领导人利雅得峰会"守护地球"主题边会上的致辞中指出："地球是我们的共同家园。我们要秉持人类命运共同体理念，携手应对气候环境领域挑战，守护好这颗蓝色星球。"2020年12月12日，习近平主席在气候雄心峰会上通过视频发表题为《继往开来，开启全球应对气候变化新征程》的重要讲话，宣布中国国家自主贡献一系列新举措。习近平主席指出："到2030年，中国单位国内生产总值二氧化碳排放将比2005年下降65%以上，非化石能源占一次能源消费比重将达到25%左右，森林蓄积量将比2005年增加60亿立方米，风电、太阳能发电总装机容量将达到12亿千瓦以上。"

2020年9月30日，习近平主席在联合国生物多样性峰会上的讲话中指出，中国切实履行气候变化、生物多样性等环境相关条约义务，已提前完成2020年应对气候变化和设立自然保护区相关目标。中国将秉持人类命运共同体理念，继续作出艰苦卓绝努力，提高国家自主贡献力度，采取更加有力的政策和措施，二氧化碳排放力争于2030年前达到峰值，努力争取2060年前实现碳中和，为实现应对气候变化《巴黎协定》确定的目标作出更大努力和贡献。

2022年1月24日，十九届中央政治局就努力实现碳达峰碳中和目标进行第三十六次集体学习，习近平总书记在主持学习时发表了重要讲话指出，实现"双碳"目标，不是别人让我们做，而是我们自己必须要做。我国已进入新发展阶段，推进"双碳"工作是破解资源环境约束突出问题、实现可持续发展的迫切需要，是顺应技术进步趋势、推动经济结构转型升级的迫切需要,是满足人民群众日益增长的优美生态环境需求、促进人与自然和谐共生的迫切需要,是主动担当大国责任、推动构建人类命运共同体的迫切需要。我们必须充分认识实现"双碳"目标的重要性,增强推进"双碳"工作的信心。

在十九届中央政治局第三十六次集体学习时,习近平总书记强调,实现"双碳"目标是一场广泛而深刻的变革,不是轻轻松松就能实现的。我们要提高战略思维能力,把系统观念贯穿"双碳"工作全过程,注重处理好四对关系:

一是发展和减排的关系。减排不是减生产力,也不是不排放,而是要走生态优先、绿色低碳发展道路,在经济发展中促进绿色转型、在绿色转型中实现更大发展。要坚持统筹谋划,在降碳的同时确保能源安全、产业链供应链安全、粮食安全,确保群众正常生活。

二是整体和局部的关系。既要增强全国一盘棋意识,加强政策措施的衔接协调,确保形成合力;又要充分考虑区域资源分布和产业分工的客观现实,研究确定各地产业结构调整方向和"双碳"行动方案,不搞齐步走、"一刀切"。

三是长远目标和短期目标的关系。既要立足当下,一步一个脚印解决具体问题,积小胜为大胜;又要放眼长远,克服急功近利、急于求成的思想,把握好降碳的节奏和力度,实事求是、循序渐进、持续发力。

四是政府和市场的关系。要坚持两手发力,推动有为政府和有效市场更好结合,建立健全"双碳"工作激励约束机制。

77. 生物多样性保护重大工程

"生物多样性"是生物（动物、植物、微生物）与环境形成的生态复合体以及与此相关的各种生态过程的总和，包括生态系统、物种和基因三个层次。生物多样性关系人类福祉，是人类赖以生存和发展的重要基础。人类必须尊重自然、顺应自然、保护自然，加大生物多样性保护力度，促进人与自然和谐共生。

党的十八大以来，在习近平生态文明思想引领下，中国坚持生态优先、绿色发展，生态环境保护法律体系日臻完善、监管机制不断加强、基础能力大幅提升，生物多样性治理新格局基本形成，生物多样性保护进入新的历史时期。当前，全球物种灭绝速度不断加快，生物多样性丧失和生态系统退化对人类生存和发展构成重大风险。2020年9月30日，习近平主席在联合国生物多样性峰会上指出，要站在对人类文明负责的高度，探索人与自然和谐共生之路，凝聚全球治理合力，提升全球环境治理水平。中国将秉持人类命运共同体理念，继续为全球环境治理贡献力量。

2021年10月8日，国务院新闻办公室发表《中国的生物多样性保护》白皮书。

中国坚持山水林田湖草生命共同体，协同推进生物多样性治理。加快国家生物多样性保护立法步伐，划定生态保护红线，建立国家公园体系，实施生物多样性保护重大工程。我国是世界上生物多样性最为丰富的国家之一，也是联合国《生物多样性公约》第十五次缔约方大会的东道国。党的十八大以来，我们党和国家深入实施《中国生物多样性保护战略与行动计划（2011—2030年）》，开展"联合国生物多样性十年中国行动（2011—2020年）"等系列活动。

过去10年，森林资源增长面积超过7000万公顷，居全球首位。长时间、大规模治理沙化、荒漠化，有效保护修复湿地，生物遗传资源收集保藏量位居世界前列。90%的陆地生态系统类型和85%的重点野生动物种群得到有效保护。

联合国成立以来，国际社会积极推进全球环境治理。《生物多样性公约》《联合国气候变化框架公约》以及《巴黎协定》等国际条约是相关环境治理的法律基础，也是多边合作的重要成果，得到各方广泛支持和参与。

中国于2021年10月在昆明举办了《生物多样性公约》第十五次缔约方大会，同各方共商全球生物多样性治理新战略。习近平主席以视频方式出席领导人峰会并发表主旨讲话。习近平主席宣布，中国将率先出资15亿元人民币，成立昆明生物多样性基金，支持发展中国家生物多样性保护事业。中国正式设立三江源、大熊猫、东北虎豹、海南热带雨林、武夷山等第一批国家公园，保护面积达23万平方公里，涵盖近30%的陆域国家重点保护野生动植物种类。同时，本着统筹就地保护与迁地保护相结合的原则，启动北京、广州等国家植物园体系建设。

生物多样性关系人类福祉，是人类赖以生存和发展的重要基础。工业文明创造了巨大物质财富，但也带来了生物多样性丧失和环境破坏的生态危机。生态兴则文明兴。我们要站在对人类文明负责的高度，尊重自然、顺应自然、保护自然，探索人与自然和谐共生之路，促进经济发展与生态保护协调统一，共建繁荣、清洁、美丽的世界。

78.构建国土空间开发保护新格局

党的十九届五中全会通过的《中共中央关于制定国民经济和社会发展第十四个五年规划和二〇三五年远景目标的建议》指出,"构建国土空间开发保护新格局。立足资源环境承载能力,发挥各地比较优势,逐步形成城市化地区、农产品主产区、生态功能区三大空间格局",目标是"形成主体功能明显、优势互补、高质量发展的国土空间开发保护新格局"。这是我国进入新发展阶段从战略目标层面提出的新要求,将成为指导我们尊重自然、高效利用国土空间、实施国土空间治理,协同推进经济高质量发展和生态环境高水平保护,建设人与自然和谐共生的现代化的行动指南。

我国国土按开发内容分为城市化地区、农产品主产区、生态功能区三大空间格局。城市化地区是以提供工业品和服务产品为主体功能的地区,也提供农产品和生态产品;农产品主产区是以提供农产品为主体功能的地区,也提供生态产品、服务产品和部分工业品;生态功能区是以提供生态产品为主体功能的地区,也提供一定的农产品、服务产品和工业品。

各类主体功能区在全国经济社会发展中都具有同等重要的地位,只是各自主体功能不同,开发方式不同,保护内容不同。国家支持城市化地区高效集聚经济和人口、保护基本农田和生态空间,支持农产品主产区增强农业生产能力,支持生态功能区把发展重点放到保护生态环境、提供生态产品上,支持生态功能区的人口逐步有序转移。

2017年8月29日,习近平总书记主持召开中央全面深化改革领导小组第三十八次会议。会议审议通过了《关于完善主体功能区战略和制度的若干意见》。会议指出,建设主体功能区是我国经济发展和生态环境保护的大战略。完善主体功能区战略和制度，要发挥主体功能区作为国土空间开发保护基础制度作用，推动主体功能区战略格局在市县层面精准落地，健全不同主体功能区差异化协同发展长效机制，加快体制改革和法治建设，为优化国土空间开发保护格局、创新国家空间发展模式夯实基础。

2019年3月5日，习近平总书记参加十三届全国人大二次会议内蒙古代表团审议时强调，要坚持底线思维，以国土空间规划为依据，把城镇、农业、生态空间和生态保护红线、永久基本农田保护红线、城镇开发边界作为调整经济结构、规划产业发展、推进城镇化不可逾越的红线，立足本地资源禀赋特点、体现本地优势和特色。

2021年4月30日，中共中央政治局就新形势下加强我国生态文明建设进行第二十九次集体学习。习近平总书记强调："要强化国土空间规划和用途管控，落实生态保护、基本农田、城镇开发等空间管控边界，实施主体功能区战略，划定并严守生态保护红线。"

我们要为自然守住安全边界和底线，形成人与自然和谐共生的格局。完善国土空间规划，落实好主体功能区战略，明确生态红线，加快形成自然保护地体系，完善生物多样性保护网络，在空间上对经济社会活动进行合理限定。

79. 黄河流域生态保护和高质量发展

2021年12月31日，习近平主席在发表的2022年新年贺词里感言："黄河安澜是中华儿女的千年期盼。近年来，我走遍了黄河上中下游9省区。无论是黄河长江'母亲河'，还是碧波荡漾的青海湖、逶迤磅礴的雅鲁藏布江；无论是南水北调的世纪工程，还是塞罕坝林场的'绿色地图';无论是云南大象北上南归,还是藏羚羊繁衍迁徙……这些都昭示着,人不负青山,青山定不负人。"

2019年9月18日,习近平总书记在黄河流域生态保护和高质量发展座谈会上的讲话中宣布:黄河流域生态保护和高质量发展,同京津冀协同发展、长江经济带发展、粤港澳大湾区建设、长三角一体化发展一样,是重大国家战略。

黄河是中华民族的母亲河,千百年来,奔腾不息的黄河同长江一起,哺育着中华民族,孕育了中华文明。九曲黄河,奔腾向前,以百折不挠的磅礴气势塑造了中华民族自强不息的民族品格,是中华民族坚定文化自信的重要根基。

黄河流域在我国经济社会发展和生态安全方面具有十分重要的地位。黄河发源于青藏高原,流经9个省区,全长5464公里,是我国仅次于长江的第二大河。黄河流域省份2018年底总人口4.2亿,占全国30.3%;地区生产总值23.9万亿元,占全国26.5%。黄河流域构成我国重要的生态屏障,是连接青藏高原、黄土高原、华北平原的生态廊道,拥有三江源、祁连山等多个国家公园和国家重点生态功能区。黄河流域是我国重要的经济地带,黄淮海平原、汾渭平原、河套灌区是农产品主产区,粮食和肉类产量占全国三分之一左右。黄河流域又被称为"能源流域",煤炭、石油、天然气和有色金属资源丰富,煤炭储量占全国一半以上,是我国重要的能源、化工、原材料和基础工业基地。黄河流域是打赢脱贫攻坚战的重要区域。黄河流域是多民族聚居地区,主要有汉、回、藏、蒙古、东乡、土、撒拉、保安等民族,其中少数民族占10%左右。由于历史、自然条件等原因,黄河流域经济社会发展相对滞后,特别是上中游地区和下游滩区,是我国贫困人口相对集中的区域。

长期以来，由于自然灾害频发，特别是水害严重，给沿岸百姓带来深重灾难。历史上，黄河三年两决口、百年一改道。据统计，从先秦到新中国成立前的2500多年间，黄河下游共决溢1500多次，改道26次，北达天津，南抵江淮。

"黄河宁，天下平。"从某种意义上讲，中华民族治理黄河的历史也是一部治国史。自古以来，从大禹治水到潘季驯"束水攻沙"，从汉武帝"瓠子堵口"到康熙帝把"河务、漕运"刻在宫廷的柱子上，中华民族始终在同黄河水旱灾害作斗争。但是，长期以来，受生产力水平和社会制度的制约，再加上人为破坏，黄河屡治屡决的局面始终没有根本改观，黄河沿岸人民的美好愿望一直难以实现。

新中国成立后，党和国家对治理开发黄河极为重视，把它作为国家的一件大事列入重要议事日程。在党中央坚强领导下，沿黄军民和黄河建设者开展了大规模的黄河治理保护工作，取得了举世瞩目的成就。党的十八大以来，党中央着眼于生态文明建设全局，明确了"节水优先、空间均衡、系统治理、两手发力"的治水思路，黄河流域经济社会发展和百姓生活发生了很大的变化。

治理黄河，重在保护，要在治理。要坚持山水林田湖草综合治理、系统治理、源头治理，统筹推进各项工作，加强协同配合，推动黄河流域高质量发展。要坚持绿水青山就是金山银山的理念，坚持生态优先、绿色发展，以水而定、量水而行，因地制宜、分类施策，上下游、干支流、左右岸统筹谋划，共同抓好大保护，协同推进大治理，着力加强生态保护治理、保障黄河长治久安、促进全流域高质量发展、改善人民群众生活、保护传承弘扬黄河文化，让黄河成为造福人民的幸福河。

80.实施乡村振兴战略

2021年2月3日至5日,习近平总书记在贵州看望慰问各族干部群众时指出,全面建成小康社会,一个民族不能落下;全面建设社会主义现代化,一个民族也不能落下。脱贫之后,要接续推进乡村振兴,加快推进农业农村现代化。

民族要复兴,乡村必振兴。即使未来我国城镇化达到很高水平,也还有几亿人在农村就业生活。我们全面建设社会主义现代化国家,既要建设繁华的城市,也要建设繁荣的农村,推动形成工农互促、城乡互补、协调发展、共同繁荣的新型工农城乡关系。

乡村是具有自然、社会、经济特征的地域综合体,兼具生产、生活、生态、文化等多重功能,与城镇互促互进、共生共存,共同构成人类活动的主要空间。乡村兴则国家兴,乡村衰则国家衰。我国人民日益增长的美好生活需要和不平衡不充分的发展之间的矛盾在乡村最为突出,我国仍处于并将长期处于社会主义初级阶段的特征很大程度上表现在乡村。全面建成小康社会和全面建设社会主义现代化强国,最艰巨最繁重的任务在农村,最广泛最深厚的基础在农村,最大的潜力和后劲也在农村。

党的十九大报告明确提出实施乡村振兴战略,2018年的中央一号文件就是《中共中央 国务院关于实施乡村振兴战略的意见》。同年9月,中共中央、国务院印发《乡村振兴战略规划(2018—2022年)》,并发出通知,要求各地区各部门结合实际认真贯彻落实。

实施乡村振兴战略,就是坚持把解决好"三农"问题作为全党工作重中之重,坚持农业农村优先发展,按照产业兴旺、生态宜居、乡风文明、治理有效、生活富裕的总要求,建立健全城乡融合发展体制机制和政策体系，统筹推进农村经济建设、政治建设、文化建设、社会建设、生态文明建设和党的建设，加快推进乡村治理体系和治理能力现代化，加快推进农业农村现代化，走中国特色社会主义乡村振兴道路，让农业成为有奔头的产业，让农民成为有吸引力的职业，让农村成为安居乐业的美丽家园。

乡村振兴战略的总要求是产业兴旺、生态宜居、乡风文明、治理有效、生活富裕。在这20字的总要求中，产业兴旺是重点，生态宜居是关键，乡风文明是保障，治理有效是基础，生活富裕是根本。

乡村振兴战略当前的发展目标是，全面建成小康社会的目标如期实现的基础上，到2022年，乡村振兴的制度框架和政策体系初步健全。

2021年2月25日，习近平总书记在全国脱贫攻坚总结表彰大会上强调，乡村振兴战略的远景谋划是，到2035年，乡村振兴取得决定性进展，农业农村现代化基本实现；到2050年，乡村全面振兴，农业强、农村美、农民富全面实现。

乡村振兴是实现中华民族伟大复兴的一项重大任务。要围绕立足新发展阶段、贯彻新发展理念、构建新发展格局带来的新形势、提出的新要求，坚持把解决好"三农"问题作为全党工作重中之重，坚持农业农村优先发展，走中国特色社会主义乡村振兴道路，持续缩小城乡区域发展差距，让低收入人口和欠发达地区共享发展成果，在现代化进程中不掉队、赶上来。全面实施乡村振兴战略的深度、广度、难度都不亚于脱贫攻坚，要完善政策体系、工作体系、制度体系，以更有力的举措、汇聚更强大的力量，加快农业农村现代化步伐，促进农业高质高效、乡村宜居宜业、农民富裕富足。

九

推进国防和军队现代化建设

强国必须强军，军强才能国安。坚持和发展中国特色社会主义，实现中华民族伟大复兴，必须统筹发展和安全、富国和强军，确保国防和军队现代化进程同国家现代化进程相适应，军事能力同国家战略需求相适应。当前和今后一个时期是国防和军队现代化建设的关键时期，要统一思想、坚定信心、鼓足干劲、抓紧工作，奋力推进国防和军队现代化建设。

——习近平在中共中央政治局第二十二次集体学习时的讲话，2020年7月30日

81. 强国必须强军，军强才能国安

2020年7月30日，中共中央政治局就加强国防和军队现代化建设举行第二十二次集体学习。习近平总书记在主持学习时强调，强国必须强军，军强才能国安。坚持和发展中国特色社会主义，实现中华民族伟大复兴，必须统筹发展和安全、富国和强军，确保国防和军队现代化进程同国家现代化进程相适应，军事能力同国家战略需求相适应。当前和今后一个时期是国防和军队现代化建设的关键时期，要统一思想、坚定信心、鼓足干劲、抓紧工作，奋力推进国防和军队现代化建设。

建设巩固国防和强大军队是我们党孜孜以求的目标。在长期实践中，我们党坚持把国防和军队现代化建设摆在党和国家事业全局重要位置，付出艰苦努力，取得巨大成就。党的十八大以来，我们着眼于实现中华民族伟大复兴的中国梦，围绕实现党在新时代强军目标，提出一系列重大方针原则，作出一系列重大决策部署，推进一系列重大工作，开创了强军事业新局面。

党的十九大以来，党中央和中央军委就国防和军队现代化作了新的战略筹划和安排。要坚持政治建军、改革强军、科技强军、人才强军、依法治军，全面推进军事理论、军队组织形态、军事人员、武器装备现代化，加快机械化信息化智能化融合发展，全面加强练兵备战，确保实现国防和军队现代化目标任务。

党提出改革强军战略，领导开展新中国成立以来最为广泛、最为深刻的国防和军队改革，重构人民军队领导指挥体制、现代军事力量体系、军事政策制度，裁减现役员额30万，形成了军委管总、战区主战、军种主建新格局。面对世界新军事革命，我们实施科技强军战

略，建设创新型人民军队，建设强大的现代化后勤，国防科技和武器装备建设取得重大进展。实施人才强军战略，确立新时代军事教育方针，明确军队好干部标准，推动构建三位一体新型军事人才培养体系，培养有灵魂、有本事、有血性、有品德的新时代革命军人，锻造具有铁一般信仰、铁一般信念、铁一般纪律、铁一般担当的过硬部队。贯彻依法治军战略，构建中国特色军事法治体系，加快治军方式根本性转变。推进军人荣誉体系建设。

党提出新时代人民军队使命任务，创新军事战略指导，调整优化军事战略布局，强化人民军队塑造态势、管控危机、遏制战争、打赢战争的战略功能。人民军队紧紧扭住战斗力这个唯一的根本的标准，扭住能打仗、打胜仗这个根本指向，壮大战略力量和新域新质作战力量，加强联合作战指挥体系和能力建设，大力纠治"和平积弊"，大抓实战化军事训练，建设强大稳固的现代边海空防，坚定灵活开展军事斗争，有效应对外部军事挑衅，震慑"台独"分裂行径，遂行边防斗争、海上维权、反恐维稳、抢险救灾、抗击疫情、维和护航、人道主义救援和国际军事合作等重大任务。

当前，世界百年未有之大变局加速演进，新冠肺炎疫情对国际格局产生深刻影响，我国安全形势不确定性不稳定性增大。世界新军事革命迅猛发展，为我们提供了难得机遇，同时也面临严峻挑战。要增强使命感和紧迫感，努力实现我军现代化建设跨越式发展。

82.国防和军队现代化新"三步走"战略

党的十九届六中全会通过的《中共中央关于党的百年奋斗重大成就和历史经验的决议》指出，党提出新时代的强军目标，确立新时代军事战略方针，制定到2027年实现建军一百年奋斗目标、到2035年基本实现国防和军队现代化、到本世纪中叶全面建成世界一流军队的国防和军队现代化新"三步走"战略，推进政治建军、改革强军、科技强军、人才强军、依法治军，加快军事理论现代化、军队组织形态现代化、军事人员现代化、武器装备现代化，加快机械化信息化智能化融合发展，全面加强练兵备战，坚持走中国特色强军之路。

党的十九大把国防和军队建设放在完成新时代党的历史使命、全面建成社会主义现代化强国大目标下运筹谋划，对全面推进国防和军队现代化作出新的战略安排。到2020年基本实现机械化，信息化建设取得重大进展，战略能力有大的提升。到2035年基本实现国防和军队现代化，这意味着将原来的"三步走"发展战略第三步目标实现时间提前了15年。党的十九届五中全会通过的《中共中央关于制定国民经济和社会发展第十四个五年规划和二〇三五年远景目标的建议》明确提出，确保2027年实现建军百年奋斗目标。至此，形成了我们今天的国防和军队现代化新"三步走"战略。

到本世纪中叶把人民军队全面建成世界一流军队，体现了同国家现代化进程相一致和中国特色社会主义新时代对强军的战略要求，彰显了我们党加快强军步伐的决心气魄。全面推进军事理论现代化、军队组织形态现代化、军事人员现代化、武器装备现代化，就是要以先进军事理论引领军事实践，以先进组织形态解放和发展战斗力、解放和增强军队活力，以高素质人才方阵托举强军事业，以先进武器装备体系提供强大物质技术支撑，明确了国防和军队现代化的主要标志和实现路径。

2021年7月30日，中共中央政治局就坚持党对人民军队绝对领导、奋力实现建军一百年奋斗目标举行第三十二次集体学习。习近平总书记在主持学习时强调,实现建军一百年奋斗目标,是党中央和中央军委把握强国强军时代要求作出的重大决策,是关系国家安全和发展全局的重大任务,是国防和军队现代化新"三步走"十分紧要的一步。要坚定决心意志,增强紧迫意识,埋头苦干实干,确保如期实现既定目标。

我军建设"十四五"规划对实现建军一百年奋斗目标作了战略部署。要强化规划权威性和执行力,搞好科学统筹,抓好重点任务,加快工作进度,保证工作质量,推动战略能力加速生成。要坚持以战领建,强化战建统筹,做好军事斗争准备,形成战、建、备一体推进的良好局面。

推进实现建军一百年奋斗目标,是关系我军建设全局的一场深刻变革。要加强创新突破,转变发展理念、创新发展模式、增强发展动能,确保高质量发展。要推进高水平科技自立自强,加快关键核心技术攻关,加快战略性、前沿性、颠覆性技术发展,发挥科技创新对我军建设战略支撑作用。要适应世界军事发展趋势和我军战略能力发展需求,坚持不懈把国防和军队改革向纵深推进。要抓住战略管理这个重点,推进军事管理革命,提高军事系统运行效能和国防资源使用效益。要加强战略谋划,创新思路举措,推动军事人员能力素质、结构布局、开发管理全面转型升级,加快壮大人才队伍。

83.全面深入贯彻军委主席负责制

党的十九届六中全会通过的《中共中央关于党的百年奋斗重大成就和历史经验的决议》指出:"建设强大人民军队,首要的是毫不动摇坚持党对人民军队绝对领导的根本原则和制度,坚持人民军队最高领导权和指挥权属于党中央和中央军委，全面深入贯彻军委主席负责制。"

制度具有根本性、全局性、稳定性和长期性。党对人民军队绝对领导的根本原则和制度，核心是人民军队最高领导权和指挥权属于党中央和中央军委。中央军委实行主席负责制，是宪法确立的重要制度，是坚持党对人民军队绝对领导、实现党和国家长治久安的根本要求。贯彻军委主席负责制，必须坚持全国武装力量由军委主席统一领导和指挥，国防和军队建设一切重大问题由军委主席决策和决定，中央军委全面工作由军委主席主持和负责，严格落实军委工作规则。

2014年4月10日，中央军委印发《关于贯彻落实军委主席负责制建立和完善相关工作机制的意见》，进一步明确了军委主席负责制的地位、作用和运行方式。2017年11月2日，中央军委印发《关于全面深入贯彻军委主席负责制的意见》。

《关于全面深入贯彻军委主席负责制的意见》指出，中央军委实行主席负责制，是党和国家军事领导制度长期发展的重大成果，凝结着我们党建军治军的宝贵经验和优良传统。全面深入贯彻军委主席负责制，关系人民军队建设根本方向，关系新时代强国强军事业发展，关系党和国家长治久安，关系中国特色社会主义前途命运。《关于全面深入贯彻军委主席负责制的意见》强调，要以习近平新时代中国特色社会主义思想为指导，全面贯彻习近平强军思想，全面贯彻党对军队绝对领导的根本原则和制度，从政治上、思想上、组织上、制度上、作风上为贯彻军委主席负责制提供坚强保证，确保全军绝对忠诚、绝对纯洁、绝对可靠，坚决听习主席指挥、对习主席负责、让习主席放心。《关于全面深入贯彻军委主席负责制的意见》还对全军各级全面深入贯彻军委主席负责制提出了具体要求。

实践充分证明，军委主席负责制贯彻得好，党对军队绝对领导就有根本保证，能防止党和军队事业受到严重损害。现在，我们正处于实现中华民族伟大复兴的关键时期，发展前景无比光明，风险挑战前所未有，更加需要党中央的集中统一领导，需要军委主席定于一尊的绝对权威。坚决维护和贯彻军委主席负责制，人民军队就有了"主心骨"，我们应对各种风险挑战就有了最大底气，中国特色社会主义航船就能行稳致远。

全面深入贯彻军委主席负责制，是严肃而重大的政治任务，是全军的共同责任，必须作为最高政治要求来遵守、最高政治纪律来维护，层层压紧责任链条，各自做好分内之事，做到知责明责、负责尽责，确保军委主席负责制坚决地而不是敷衍地、全面地而不是片面地、具体地而不是抽象地、无条件地而不是有条件地落实到国防和军队建设各领域和全过程。

84.坚持党指挥枪

2017年8月11日，习近平总书记在庆祝中国人民解放军建军90周年大会上的讲话中指出："历史告诉我们，党指挥枪是保持人民军队本质和宗旨的根本保障，这是我们党在血与火的斗争中得出的颠扑不破的真理。"有了中国共产党，有了中国共产党的坚强领导，人民军队前进就有方向、有力量。

回顾党的百年奋斗历程，坚持党指挥枪、建设自己的人民军队，是党在血与火的斗争中得出的重大结论。在革命、建设、改革各个历史时期，党领导人民军队牢记初心使命，永葆性质宗旨，一路披荆斩棘，取得一个又一个辉煌胜利，为党和人民建立了不朽功勋。坚持党对人民军队绝对领导,朝着党指引的方向奋勇前进,人民军队就能不断发展壮大,党和人民事业就有了坚强力量支撑。

毛泽东曾经指出:"我们的原则是党指挥枪,而决不容许枪指挥党。"党对军队绝对领导的根本原则和制度,发端于南昌起义,奠基于三湾改编,定型于古田会议,是人民军队完全区别于一切旧军队的政治特质和根本优势。

千千万万革命将士矢志不渝听党话、跟党走,在挫折中愈加奋起,在困苦中勇往直前,铸就了拖不垮、打不烂、攻无不克、战无不胜的钢铁雄师。在风雨如磐的漫长革命道路上,我军将士讲得最多的一句话是:只要跟党走,一定能胜利。忠诚,造就了人民军队对党的赤胆忠心,造就了人民军队和人民的鱼水情意,造就了人民军队为党和人民冲锋陷阵的坚定意志。

2013年3月11日,习近平总书记在出席十二届全国人大一次会议解放军和武警部队代表团全体会议时指出:"建设一支听党指挥、能打胜仗、作风优良的人民军队,是党在新形势下的强军目标。"党的十九届四中全会通过了《中共中央关于坚持和完善中国特色社会主义制度、推进国家治理体系和治理能力现代化若干重大问题的决定》。该决定专门用一个部分就坚持和完善党对人民军队的绝对领导制度、确保人民军队忠实履行新时代使命任务进行了部署。

人民军队是中国特色社会主义的坚强柱石,党对人民军队的绝对领导是人民军队的建军之本、强军之魂。必须牢固确立习近平强军思想在国防和军队建设中的指导地位,巩固和拓展深化国防和军队改革成果,构建中国特色社会主义军事政策制度体系,全面推进国防和军队现代化,确保实现党在新时代的强军目标,把人民军队全面建成世界一流军队,永葆人民军队的性质、宗旨、本色。

中央军委实行主席负责制是坚持党对人民军队绝对领导的根本实现形式。坚持全国武装力量由军委主席统一领导和指挥，完善贯彻军委主席负责制的体制机制，严格落实军委主席负责制各项制度规定。严明政治纪律和政治规矩，坚决维护党中央、中央军委权威，确保政令军令畅通。

全面贯彻政治建军各项要求，突出抓好军魂培育，发扬优良传统，传承红色基因，坚决抵制"军队非党化、非政治化"和"军队国家化"等错误政治观点。坚持党委制、政治委员制、政治机关制，坚持党委统一的集体领导下的首长分工负责制，坚持支部建在连上，完善党领导军队的组织体系。建设坚强有力的党组织和高素质专业化干部队伍，确保枪杆子永远掌握在忠于党的可靠的人手中。

把党对人民军队的绝对领导贯彻到军队建设各领域全过程。贯彻新时代军事战略方针，坚持战斗力根本标准，坚持以战领建、抓建为战，建立健全精准高效、全面规范、刚性约束的军事管理政策制度体系，等等。

前进道路上，人民军队必须牢牢坚持党对军队的绝对领导，把这一条当作人民军队永远不能变的军魂、永远不能丢的命根子，任何时候任何情况下都以党的旗帜为旗帜、以党的方向为方向、以党的意志为意志。

85.坚定不移走中国特色强军之路

2017年8月1日，习近平总书记在庆祝中国人民解放军建军90周年大会上发表重要讲话，全面阐述了中国特色强军之路。习近平总书记强调："站在新的历史起点上，我们更加深切地感受到，中华民族走出苦难、中国人民实现解放,有赖于一支英雄的人民军队;中华民族实现伟大复兴,中国人民实现更加美好生活,必须加快把人民军队建设成为世界一流军队。我们要不忘初心、继续前进,坚定不移走中国特色强军之路,把强军事业不断推向前进。"

推进强军事业,必须毫不动摇坚持党对军队的绝对领导,确保人民军队永远跟党走。党的领导,是人民军队始终保持强大的凝聚力、向心力、创造力、战斗力的根本保证。党对军队的绝对领导是中国特色社会主义的本质特征,是党和国家的重要政治优势,是人民军队的建军之本、强军之魂。无论时代如何发展、形势如何变化,我们这支军队永远是党的军队、人民的军队。

推进强军事业,必须坚持和发展党的军事指导理论,不断开拓马克思主义军事理论和当代中国军事实践发展新境界。人民军队之所以不断发展壮大,关键在于始终坚持先进军事理论的指导。党的十八大以来,我们党围绕国防和军队建设提出一系列新思想新观点新论断新要求,形成了习近平强军思想。全军要认真贯彻党的军事指导理论,坚持用习近平强军思想武装官兵,引领强军事业不断取得新进步。

推进强军事业,必须始终聚焦备战打仗,锻造召之即来、来之能战、战之必胜的精兵劲旅。安不可以忘危,治不可以忘乱。我们捍卫和平、维护安全、慑止战争的手段和选择有多种多样,但军事手段始终是保底手段。人民军队永远是战斗队,人民军队的生命力在于战斗力,必须强化忧患意识,坚持底线思维,全部心思向打仗聚焦,各项工作向打仗用劲,确保在党和人民需要的时候拉得出、上得去、打得赢。

推进强军事业,必须坚持政治建军、改革强军、科技兴军、依法治军,全面提高国防和军队现代化水平。要深入贯彻古田全军政治工作会议精神,发挥政治工作生命线作用,永葆人民军队性质、宗旨、本色。全军要坚定不移深化国防和军队改革，深入解决制约国防和军队建设的体制性障碍、结构性矛盾、政策性问题，完善和发展中国特色社会主义军事制度，加快构建能够打赢信息化战争、有效履行使命任务的中国特色现代军事力量体系。要全面实施科技兴军战略，坚持自主创新的战略基点，瞄准世界军事科技前沿，加强前瞻谋划设计，加快战略性、前沿性、颠覆性技术发展，不断提高科技创新对人民军队建设和战斗力发展的贡献率。要增强全军法治意识，加快构建中国特色军事法治体系，加快实现治军方式根本性转变。

推进强军事业，必须深入推进军民融合发展，构建军民一体化的国家战略体系和能力。把军民融合发展上升为国家战略，是我们党长期探索经济建设和国防建设协调发展规律的重大成果，是从国家发展和安全全局出发作出的重大决策，是应对复杂安全威胁、赢得国家战略优势的重大举措。

推进强军事业，必须坚持全心全意为人民服务的根本宗旨，始终做人民信赖、人民拥护、人民热爱的子弟兵。军政军民团结是我党我军特有的政治优势。全党全军全国各族人民要大力弘扬军爱民、民拥军的光荣传统，不断发展坚如磐石的军政军民关系。

86.深入实施新时代人才强军战略

2021年11月26日至28日，中央军委人才工作会议召开，习近平主席出席会议并发表重要讲话。他强调，强军之道，要在得人。人才是推动我军高质量发展、赢得军事竞争和未来战争主动的关键因素，对实现党在新时代的强军目标、把我军全面建成世界一流军队具有重大现实意义和深远历史意义。要贯彻中央人才工作会议精神，深入实施新时代人才强军战略，确保为实现建军一百年奋斗目标提供坚实支撑，人才总体水平跻身世界强国军队前列。

世界百年未有之大变局加速演变，新一轮科技革命和军事革命日新月异，我军正按照国防和军队现代化新"三步走"战略安排、向实现建军一百年奋斗目标迈进，全军要增强深入实施新时代人才强军战略的使命感和紧迫感，科学谋划，抓紧行动，全方位加强人才工作，更好发挥人才对强军事业的引领和支撑作用。

实施新时代人才强军战略，要贯彻习近平强军思想，贯彻新时代军事战略方针，贯彻国防和军队现代化战略安排，聚焦实现建军一百年奋斗目标，推动军事人员能力素质、结构布局、开发管理全面转型升级，锻造德才兼备的高素质、专业化新型军事人才，确保军事人员现代化取得重大进展，关键领域人才发展取得重大突破。实施新时代人才强军战略，必须把党对军队绝对领导贯彻到人才工作各方面和全过程，必须把能打仗、打胜仗作为人才工作出发点和落脚点，必须面向世界军事前沿、面向国家安全重大需求、面向国防和军队现代化，必须全方位培养用好人才，必须深化军事人力资源政策制度改革，必须贯彻人才强国战略。

实施新时代人才强军战略，要统筹全局、突出重点，全面推进人才培养、使用、评价、服务、支持、激励等各项工作，以重点突破带动整体提升。要在党和国家人才工作大盘子中谋划推进我军人才工作，坚持军事需求导向，搞好规划对接、政策对接、工作对接，形成我军人才工作高效推进的良好局面。

政治标准是我军人才第一位的标准，政治要求是对我军人才最根本的要求。要牢牢把住政治关，加强思想政治建设，做好铸魂育人和政治考察工作，确保培养和使用的人才在政治上绝对过硬。

要坚持走好人才自主培养之路，坚持军队培养为主、多种方式相结合，形成具有我军特色的人才培养和使用模式，提高备战打仗人才供给能力和水平。要下大气力强化科技素养，提高打赢现代战争实际本领。要贯彻新时代军事教育方针，落实院校优先发展战略，加快建设一流军事院校、培养一流军事人才。要加强实践历练，鼓励引导官兵在火热军事实践中经风雨、见世面、壮筋骨、长才干。

要用好用活各方面人才，坚持以用为本，精准高效配置军事人力资源，确保人才得到最佳配置、发挥最大效能。要坚持分类施策，抓好联合作战指挥人才、新型作战力量人才、高层次科技创新人才、高水平战略管理人才培养使用，发挥好军士和文职人员作用。

要把握军事人才成长规律，把握各类人才发展特点要求，创新管理理念和方式方法，加强专业化、精细化、科学化管理。要推进军事人力资源政策制度体系优化，加强政策制度配套建设。要在全军营造信任人才、尊重人才、支持人才、关爱人才的浓厚氛围，把广大人才干事创业积极性、主动性、创造性充分激发出来。

军委要加强对人才工作的领导，各级党委要履行好主体责任。领导干部特别是高级干部要有强烈的人才意识，当好新时代的伯乐。中央和国家机关、地方各级党委和政府要支持军队做好人才工作，齐心协力把强军事业不断推向前进。

87.贯彻依法治军战略

战略问题是一个政党、一个国家的根本性问题。依法治军是我们党建军治军的基本方式，是实现党在新时代的强军目标的必然要求。贯彻依法治军战略，是党中央把握新时代建军治军特点规律、从强军事业全局出发作出的重大决策部署。将依法治军上升为一种战略，这是对依法治军地位作用的新定位、新概括，擘画了全面依法治国的"军事篇"、实现党在新时代的强军目标的"法治篇"，标注了治军战略新高度，实现了治军理念新飞跃。

2022年3月7日，习近平总书记在出席十三届全国人大五次会议解放军和武警部队代表团全体会议时发表重要讲话，站在时代发展和战略全局高度，对过去一年国防和军队建设取得的成绩给予充分肯定，就贯彻依法治军战略作了突出强调，深刻总结了党的十八大以来依法治军实践取得的重大进展，系统阐述了依法治军战略深刻内涵，并对贯彻依法治军战略作出具体部署，科学回答了新时代依法治军的一系列重大理论和实践问题，进一步丰富发展了党的军事指导理论，为全面贯彻依法治军战略提供了总目标、总指导、总遵循。

法治，是一支现代化军队的鲜明特征，也是建设世界一流军队的必由之路。一个现代化国家必然是法治国家，一支现代化军队必然是法治军队。

2014年10月，党的十八届四中全会对全面推进依法治国若干重大问题作出决定，对依法治军作出重要部署。

2015年2月，中央军委印发《关于新形势下深入推进依法治军从严治军的决定》，指出深入推进依法治军从严治军，是全面依法治国总体部署的重要组成部分，是实现强军目标的必然要求，是深化国防和军队改革的重要保障，是确保部队有效履行使命任务和高度集中统一的坚强保证。

2020年12月，新修订的国防法首次写入"政治建军、改革强军、科技强军、人才强军、依法治军"。这标志着，依法治军作为治军方略，已经写入我国基本法律之中。

2021年11月，党的十九届六中全会提出："贯彻依法治军战略，构建中国特色军事法治体系，加快治军方式根本性转变。"

贯彻落实好依法治军战略，首先必须全面把握。要贯彻习近平强军思想，贯彻习近平新时代中国特色社会主义法治思想，着眼于全面加强我军革命化现代化正规化建设，构建中国特色军事法治体系，加快治军方式根本性转变，提高国防和军队建设法治化水平。要坚持党对军队绝对领导，坚持战斗力标准，坚持建设中国特色军事法治体系，坚持按照法治要求转变治军方式，坚持从严治军铁律，坚持抓住领导干部这个"关键少数"，坚持官兵主体地位，坚持贯彻全面依法治国要求。

贯彻依法治军战略是一个复杂的系统工程，涉及全军各个领域、各个活动、各个岗位、各个层次，贯穿于国防和军队建设全过程、全方位、全时空、全员额。贯彻依法治军战略，必须按照职权法定、权责统一、职能明晰、权力制约的原则，明确军事法规执行主体和责权，这是增强法规制度执行力的重要前提和组织保证。只有充分发挥党的集中统一领导优势，调动从军队到地方、从机关到基层各个方面的积极性，精心筹划、齐抓共管，才能有条不紊、稳扎稳打，确保依法治军战略全面落实，确保各项举措精准落地。

贯彻依法治军战略要统筹全局突出重点。依法治军并非单项业务工作，而是覆盖到国防和军队建设各领域、涉及立法执法司法守法各环节的综合性工作。习近平总书记指出，贯彻依法治军战略是系统工程，要统筹全局、突出重点，以重点突破带动整体推进。这就要求，要深化军事立法工作，做好法规制度实施工作，强化法规制度执行监督工作，加强涉外军事法治工作。

汇聚贯彻依法治军战略强大合力。这既是加快治军方式根本性转变、提高国防和军队建设法治化水平的客观要求,也是我党我军特有的政治优势。军委要加强组织领导,各级要认真履职尽责,法治工作机构要发挥好职能作用,领导干部要带头依法指导和开展工作。中央和国家机关、地方各级党委和政府要强化国防意识,自觉履行法定的国防建设职责,依法保障好军队建设、军事行动和军人合法权益。全军官兵在贯彻依法治军战略上要心往一处想、劲往一处使,上下同欲、勠力同心,努力为推进强军事业提供坚强法治保障。

88.坚持总体国家安全观

2014年4月15日,习近平总书记在中央国家安全委员会第一次会议上首次提出总体国家安全观重大战略思想。习近平总书记指出:"当前我国国家安全内涵和外延比历史上任何时候都要丰富,时空领域比历史上任何时候都要宽广,内外因素比历史上任何时候都要复杂,必须坚持总体国家安全观,以人民安全为宗旨,以政治安全为根本,以经济安全为基础,以军事、文化、社会安全为保障,以促进国际安全为依托,走出一条中国特色国家安全道路。"

党的十九大报告提出,坚持总体国家安全观。统筹发展和安全,增强忧患意识,做到居安思危,是我们党治国理政的一个重大原则。

党的十九届五中全会首次把统筹发展和安全纳入"十四五"时期我国经济社会发展的指导思想,并列专章作出战略部署,突出了国家安全在党和国家工作大局中的重要地位。

2020年12月11日,中共中央政治局就切实做好国家安全工作举行第二十六次集体学习。习近平总书记就贯彻总体国家安全观提出十点要求。

一是坚持党对国家安全工作的绝对领导，坚持党中央对国家安全工作的集中统一领导，加强统筹协调，把党的领导贯穿到国家安全工作各方面全过程，推动各级党委（党组）把国家安全责任制落到实处。

二是坚持中国特色国家安全道路，贯彻总体国家安全观，坚持政治安全、人民安全、国家利益至上有机统一，以人民安全为宗旨，以政治安全为根本，以经济安全为基础，捍卫国家主权和领土完整，防范化解重大安全风险，为实现中华民族伟大复兴提供坚强安全保障。

三是坚持以人民安全为宗旨，国家安全一切为了人民、一切依靠人民，充分发挥广大人民群众积极性、主动性、创造性，切实维护广大人民群众安全权益，始终把人民作为国家安全的基础性力量，汇聚起维护国家安全的强大力量。

四是坚持统筹发展和安全，坚持发展和安全并重，实现高质量发展和高水平安全的良性互动，既通过发展提升国家安全实力，又深入推进国家安全思路、体制、手段创新，营造有利于经济社会发展的安全环境，在发展中更多考虑安全因素，努力实现发展和安全的动态平衡，全面提高国家安全工作能力和水平。

五是坚持把政治安全放在首要位置，维护政权安全和制度安全，更加积极主动做好各方面工作。

六是坚持统筹推进各领域安全，统筹应对传统安全和非传统安全，发挥国家安全工作协调机制作用，用好国家安全政策工具箱。

七是坚持把防范化解国家安全风险摆在突出位置，提高风险预见、预判能力，力争把可能带来重大风险的隐患发现和处置于萌芽状态。

八是坚持推进国际共同安全，高举合作、创新、法治、共赢的旗帜，推动树立共同、综合、合作、可持续的全球安全观，加强国际安全合作，完善全球安全治理体系，共同构建普遍安全的人类命运共同体。

九是坚持推进国家安全体系和能力现代化，坚持以改革创新为动力，加强法治思维，构建系统完备、科学规范、运行有效的国家安全制度体系，提高运用科学技术维护国家安全的能力，不断增强塑造国家安全态势的能力。

十是坚持加强国家安全干部队伍建设，加强国家安全战线党的建设，坚持以政治建设为统领，打造坚不可摧的国家安全干部队伍。

十

坚持"一国两制"和推进祖国统一

实践证明，有中国共产党的坚强领导，有伟大祖国的坚强支撑，有全国各族人民包括香港特别行政区同胞、澳门特别行政区同胞和台湾同胞的同心协力，香港、澳门长期繁荣稳定一定能够保持，祖国完全统一一定能够实现。

——《中共中央关于党的百年奋斗重大成就和历史经验的决议》（2021年11月11日中国共产党第十九届中央委员会第六次全体会议通过）

89. 全面准确贯彻"一国两制"

2021年12月22日，在会见来京述职的香港特别行政区行政长官林郑月娥时，习近平主席强调，中央将继续坚定不移贯彻"一国两制"方针。我们坚信，随着实践不断深入和制度体系不断完善，"一国两制"的优越性将进一步彰显。

一国两制，即"一个国家，两种制度"，是中国政府为实现国家和平统一而提出的基本国策。按照邓小平的论述，"一国两制"是指在一个中国的前提下，国家的主体坚持社会主义制度，香港、澳门、台湾保持原有的资本主义制度长期不变。

1949年新中国成立，由于种种复杂原因，香港、澳门当时还未收回，台湾被国民党占据，祖国统一大业尚未最后完成。1979年元旦，全国人大常委会发表《告台湾同胞书》，宣布了和平统一祖国的大政方针，并建议两岸恢复通商、通邮、通航。同年1月30日，邓小平在访美时指出，我们不再使用"解放台湾"这个提法，只要实现祖国统一，我们将尊重台湾的现状和现行制度。

1981年9月底，叶剑英发表《关于台湾回归祖国实现和平统一的方针政策》，具体阐述了实现祖国统一的九条方针。1982年1月11日，邓小平指出，这实际上就是"一个国家，两种制度"。在国家统一的大前提下，国家主体实行社会主义制度，台湾实行资本主义制度。这是邓小平第一次明确提出"一个国家，两种制度"的概念。

"一国两制"构想的提出是从解决台湾问题开始的，但首次运用于解决香港问题。1982年9月，邓小平在会见英国首相撒切尔夫人时，按照"一国两制"的方针，阐明了中国政府解决香港问题的立场。同年12月，五届全国人大五次会议通过新修改的《中华人民共和国宪法》，增加了设立特别行政区的规定，为"一国两制"的实施提供了法律依据。在"一国两制"的框架下，香港于1997年顺利回归，澳门于1999年顺利回归。

党的十八大以来，以习近平同志为核心的党中央，全面贯彻"一国两制"方针，推进祖国和平统一进程。党的十九大报告强调，保持香港、澳门长期繁荣稳定，实现祖国完全统一，是实现中华民族伟大复兴的必然要求。必须把维护中央对香港、澳门特别行政区全面管治权和保障特别行政区高度自治权有机结合起来，确保"一国两制"方针不会变、不动摇，确保"一国两制"实践不变形、不走样。必须坚持一个中国原则，坚持"九二共识"，推动两岸关系和平发展，深化两岸经济合作和文化往来，推动两岸同胞共同反对一切分裂国家的活动，共同为实现中华民族伟大复兴而奋斗。

2017年7月1日，习近平主席在出席庆祝香港回归祖国20周年大会暨香港特别行政区第五届政府就职典礼时指出，"一国"是根，根深才能叶茂；"一国"是本，本固才能枝荣。在具体实践中，必须牢固树立"一国"意识，坚守"一国"原则，正确处理特别行政区和中央的关系。回归完成了香港宪制秩序的巨大转变，中华人民共和国宪法和香港特别行政区基本法共同构成香港特别行政区的宪制基础。宪法是国家根本大法，是全国各族人民共同意志的体现，是特别行政区制度的法律渊源。基本法是根据宪法制定的基本法律，规定了在香港特别行政区实行的制度和政策，是"一国两制"方针的法律化、制度化，为"一国两制"在香港特别行政区的实践提供了法律保障。全面准确贯彻"一国两制"方针，坚守"一国"之本，善用"两制"之利，扎扎实实做好各项工作。

2019年12月20日，习近平主席在庆祝澳门回归祖国20周年大会暨澳门特别行政区第五届政府就职典礼上指出，澳门的成功实践告诉我们，只要对"一国两制"坚信而笃行，"一国两制"的生命力和优越性就会充分显现出来。确保"一国两制"实践不变形、不走样，才能推动"一国两制"事业行得稳、走得远。不断巩固和发展同"一国两制"实践相适应的社会政治基础，在爱国爱澳旗帜下实现最广泛的团结，是"一国两制"始终沿着正确轨道前进的根本保障。

"一国两制"是中国的一个伟大创举，是中国为国际社会解决类似问题提供的一个新思路新方案，是中华民族为世界和平与发展作出的新贡献，凝结了海纳百川、有容乃大的中国智慧。

90.解决台湾问题、实现祖国完全统一

党的十九届六中全会通过的《中共中央关于党的百年奋斗重大成就和历史经验的决议》指出："解决台湾问题、实现祖国完全统一，是党矢志不渝的历史任务，是全体中华儿女的共同愿望，是实现中华民族伟大复兴的必然要求。党把握两岸关系时代变化，丰富和发展国家统一理论和对台方针政策，推动两岸关系朝着正确方向发展。习近平同志就对台工作提出一系列重要理念、重大政策主张，形成新时代党解决台湾问题的总体方略。"

2019年1月2日，习近平总书记发表《为实现民族伟大复兴 推进祖国和平统一而共同奋斗——在〈告台湾同胞书〉发表40周年纪念会上的讲话》，全面回顾了新中国成立70年来特别是全国人大常委会发表《告台湾同胞书》40年来两岸关系的发展历程，全面阐述了我们立足新时代、推进祖国和平统一的重大政策主张。讲话深刻昭示了两岸关系发展的历史大势，科学回答了在民族复兴新征程中如何推进

祖国和平统一的时代命题，具有重大指导意义。

1840年鸦片战争之后，西方列强入侵，中国陷入内忧外患、山河破碎的悲惨境地，台湾更是被外族侵占长达半个世纪。为战胜外来侵略、争取民族解放、实现国家统一，中华儿女前仆后继，进行了可歌可泣的斗争。台湾同胞在这场斗争中作出了重要贡献。1945年，中国人民同世界各国人民一道，取得了中国人民抗日战争暨世界反法西斯战争的伟大胜利，台湾随之光复，重回祖国怀抱。其后不久，由于中国内战延续和外部势力干涉，海峡两岸陷入长期政治对立的特殊状态。

1949年以来，中国共产党、中国政府、中国人民始终把解决台湾问题、实现祖国完全统一作为矢志不渝的历史任务。我们团结台湾同胞，推动台海形势从紧张对峙走向缓和改善、进而走上和平发展道路，两岸关系不断取得突破性进展。

祖国必须统一，也必然统一。这是70多年两岸关系发展历程的历史定论，也是新时代中华民族伟大复兴的必然要求。两岸中国人、海内外中华儿女理应共担民族大义、顺应历史大势，共同推动两岸关系和平发展、推进祖国和平统一进程。

民族复兴、国家统一是大势所趋、大义所在、民心所向。一水之隔、咫尺天涯，两岸迄今尚未完全统一是历史遗留给中华民族的创伤。两岸中国人应该共同努力谋求国家统一，抚平历史创伤。两岸关系和平发展要两岸同胞共同推动，靠两岸同胞共同维护，由两岸同胞共同分享。中国梦是两岸同胞共同的梦，民族复兴、国家强盛，两岸中国人才能过上富足美好的生活。

"和平统一、一国两制"是实现国家统一的最佳方式，体现了海纳百川、有容乃大的中华智慧，既充分考虑台湾现实情况，又有利于统一后台湾长治久安。制度不同，不是统一的障碍，更不是分裂的借口。"一国两制"的提出，本来就是为了照顾台湾现实情况，维护台湾同胞利益福祉。两岸同胞是一家人，两岸的事是两岸同胞的家里事，当然也应该由家里人商量着办。和平统一，是平等协商、共议统一。两岸长期存在的政治分歧问题是影响两岸关系行稳致远的总根子，总不能一代一代传下去。在一个中国原则基础上，台湾任何政党、团体同我们的交往都不存在障碍。以对话取代对抗、以合作取代争斗、以双赢取代零和，两岸关系才能行稳致远。

尽管海峡两岸尚未完全统一，但中国主权和领土从未分割，大陆和台湾同属一个中国的事实从未改变。一个中国原则是两岸关系的政治基础。统一是历史大势，是正道。"台独"是历史逆流，是绝路。我们愿意为和平统一创造广阔空间，但绝不为各种形式的"台独"分裂活动留下任何空间。

中国人不打中国人。我们愿意以最大诚意、尽最大努力争取和平统一的前景，因为以和平方式实现统一，对两岸同胞和全民族最有利。我们不承诺放弃使用武力，保留采取一切必要措施的选项，针对的是外部势力干涉和极少数"台独"分裂分子及其分裂活动，绝非针对台湾同胞。两岸同胞要共谋和平、共护和平、共享和平。

世界上只有一个中国，坚持一个中国原则是公认的国际关系准则，是国际社会普遍共识。国际社会广泛理解和支持中国人民反对"台独"分裂活动、争取完成国家统一的正义事业。中国政府对此表示赞赏和感谢。中国人的事要由中国人来决定。台湾问题是中国的内政，事关中国核心利益和中国人民民族感情，不容任何外来干涉。

中国的统一，不会损害任何国家的正当利益包括其在台湾的经济利益，只会给各国带来更多发展机遇，只会给亚太地区和世界繁荣稳定注入更多正能量，只会为构建人类命运共同体、为世界和平发展和人类进步事业作出更大贡献。

十一
走和平发展道路的现代化

追昔抚今,鉴往知来。站在新的历史起点,中国将坚持走和平发展之路,始终做世界和平的建设者;坚持走改革开放之路,始终做全球发展的贡献者;坚持走多边主义之路,始终做国际秩序的维护者。

"青山一道同云雨,明月何曾是两乡。"让我们携起手来,站在历史正确的一边,站在人类进步的一边,为实现世界永续和平发展,为推动构建人类命运共同体而不懈奋斗!

——习近平在中华人民共和国恢复联合国合法席位50周年纪念会议上的讲话,2021年10月25日

91. 百年未有之大变局

"百年未有之大变局",是习近平总书记对国内外局势高瞻远瞩的战略判断,他曾在多个场合进行了各种侧重的论述。2017年12月28日,习近平总书记在接见回国参加2017年度驻外使节工作会议的全体使节时的讲话中提出:"放眼世界,我们面对的是百年未有之大变局。"2018年6月,他在中央外事工作会议上再次提出:"当前,我国处于近代以来最好的发展时期,世界处于百年未有之大变局,两者同步交织、相互激荡。"在2019年新年贺词中,他又提到"我们正面临百年未有之大变局"。之后,在2020年、2021年的讲话中他也多次提及"百年未有之大变局"。

2021年是中国共产党成立100周年,是"十四五"开局之年。站在"两个一百年"奋斗目标的历史交汇点上,既要充满信心,也要居安思危。2021年1月11日,习近平总书记在省部级主要领导干部学习贯彻党的十九届五中全会精神专题研讨班开班式上指出:"当今世界正经历百年未有之大变局,但时与势在我们一边,这是我们定力和底气所在,也是我们的决心和信心所在。同时,必须清醒看到,当前和今后一个时期,虽然我国发展仍然处于重要战略机遇期,但机遇和挑战都有新的发展变化,机遇和挑战之大都前所未有,总体上机遇大于挑战。全党必须继续谦虚谨慎、艰苦奋斗,调动一切可以调动的积极因素,团结一切可以团结的力量,全力办好自己的事,锲而不舍实现我们的既定目标。"

当前,世纪疫情和百年变局交织,国际格局深刻演变。2020年11月17日,习近平主席在金砖国家领导人第十二次会晤上的讲话中指出,环顾全球,疫情使各国人民生命安全和身体健康遭受巨大威胁,全球公共卫生体系面临严峻考验,人类社会正在经历百年来最严重的传染病大流行。国际贸易和投资急剧萎缩,人员、货物流动严重受阻,不稳定不确定因素层出不穷,世界经济正在经历20世纪30年代大萧条以来最严重的衰退。根据国际货币基金组织预测,2020年世界经济将萎缩4.4%,新兴市场国家和发展中国家将经历60年来首次负增长。世界银行预测,2020年全球人均收入将下降3.6%,8800万至1.15亿人将因疫情陷入极端贫困。

世界进入动荡变革期,我们必须在一个更加不稳定不确定的世界中谋求我国发展。单边主义、保护主义、霸凌行径愈演愈烈,治理赤字、信任赤字、发展赤字、和平赤字有增无减。新冠肺炎疫情加速了国际格局调整,国际社会正在经历多边和单边、开放和封闭、合作和对抗的重大考验。"世界怎么了,我们怎么办"成为时代之问。

同时,我们坚信,和平与发展的时代主题没有改变,世界多极化和经济全球化的时代潮流也不可能逆转。我们要为人民福祉着想,秉持人类命运共同体理念,用实际行动为建设美好世界作出应有贡献。

晚清时期,李鸿章提出"数千年未有之大变局",是看到了危机和挑战,看到了中国国势国运的由盛转衰。习近平总书记提出"百年未有之大变局",看到了世界格局的变化,对中国而言,有挑战,更多的是机遇,是光明的前景。

人类已经进入互联互通的新时代,各国利益休戚相关、命运紧密相连。全球性威胁和挑战需要强有力的全球性应对。

2020年9月17日,习近平总书记在基层代表座谈会上的讲话中指出:"我国已进入高质量发展阶段,经济发展前景向好,同时发展不平衡不充分问题仍然突出,实现高质量发展还有许多短板弱项。对困难和挑战、阻力和变数,我们既不能遮掩回避、视而不见,也不能惊慌失措、乱了阵脚。""中华民族伟大复兴绝不是轻轻松松、敲锣打鼓就能实现的。苦难铸就辉煌。没有一个国家、民族的现代化是顺顺当当实现的。尽管国际国内形势发生了深刻复杂变化,但我国经济稳中向好、长期向好的基本面没有变,我国经济潜力足、韧性大、活力强、回旋空间大、政策工具多的基本特点没有变,我国发展具有的多方面优势和条件没有变。我国具有全球最完整、规模最大的工业体系,有强大的生产能力、完善的配套能力,有超大规模内需市场,投资需求潜力巨大。我们要科学分析形势、把握发展大势,坚持稳中求进工作总基调,坚持新发展理念,统筹发展和安全,加快形成以国内大循环为主体、国内国际双循环相互促进的新发展格局。"

92.构建人类命运共同体

党的十九届六中全会通过的《中共中央关于党的百年奋斗重大成就和历史经验的决议》强调:"党推动构建人类命运共同体,为解决人类重大问题,建设持久和平、普遍安全、共同繁荣、开放包容、清洁美丽的世界贡献了中国智慧、中国方案、中国力量,成为推动人类发展进步的重要力量。"

世界正处于大发展大变革大调整时期,和平与发展仍然是时代主题。世界多极化、经济全球化、社会信息化、文化多样化深入发展,全球治理体系和国际秩序变革加速推进,各国相互联系和依存日益加深,国际力量对比更趋平衡,和平发展大势不可逆转。同时,世界面临的不稳定性不确定性突出,世界经济增长动能不足,贫富分化日益严重,地区热点问题此起彼伏,恐怖主义、网络安全、重大传染性疾病、气候变化等非传统安全威胁持续蔓延,人类面临许多共同挑战。

没有哪个国家能够独自应对人类面临的各种挑战，也没有哪个国家能够退回到自我封闭的孤岛。

当今世界正面临百年未有之大变局，人们对未来既充满期待又感到困惑。世界怎么了？应该怎么办？推动构建人类命运共同体，这是习近平总书记给出的答案。

2013年3月23日，习近平主席在俄罗斯莫斯科国际关系学院发表的演讲中指出："这个世界，各国相互联系、相互依存的程度空前加深，人类生活在同一个地球村里，生活在历史和现实交汇的同一个时空里，越来越成为你中有我、我中有你的命运共同体。"

2015年9月28日，习近平主席在联合国总部出席第七十届联合国大会一般性辩论时，发表题为《携手构建合作共赢新伙伴 同心打造人类命运共同体》的演讲，系统阐发了打造人类命运共同体的思想。他指出："大道之行也，天下为公。"和平、发展、公平、正义、民主、自由，是全人类的共同价值，也是联合国的崇高目标。目标远未完成，我们仍须努力。当今世界，各国相互依存、休戚与共。我们要继承和弘扬联合国宪章的宗旨和原则，构建以合作共赢为核心的新型国际关系，打造人类命运共同体。

党的十九大报告提出："我们呼吁，各国人民同心协力，构建人类命运共同体，建设持久和平、普遍安全、共同繁荣、开放包容、清洁美丽的世界。"

2017年12月1日，在中国共产党与世界政党高层对话会上的主旨讲话中，习近平总书记作出简洁定义：人类命运共同体，顾名思义，就是每个民族、每个国家的前途命运都紧紧联系在一起，应该风雨同舟，荣辱与共，努力把我们生于斯、长于斯的这个星球建成一个和睦的大家庭，把世界各国人民对美好生活的向往变成现实。

我们要努力建设一个远离恐惧、普遍安全的世界，一个远离贫困、共同繁荣的世界，一个远离封闭、开放包容的世界，一个山清水秀、清洁美丽的世界。

在联系日益紧密、矛盾日趋复杂的国际形势下，中国倡导的"人类命运共同体"理念，是对国际秩序观的创新和发展，是"天下为公，世界大同"理念的新时代阐释，开辟国际关系的新愿景，道出了世界人民的心声，被越来越多的国家所接受。2017年2月10日，"构建人类命运共同体"理念首次载入联合国决议，3月17日首次载入联合国安理会决议，3月23日首次载入联合国人权理事会决议。

中国人民的梦想同各国人民的梦想息息相通，实现中国梦离不开和平的国际环境和稳定的国际秩序。必须统筹国内国际两个大局，始终不渝走和平发展道路、奉行互利共赢的开放战略，坚持正确义利观，树立共同、综合、合作、可持续的新安全观，谋求开放创新、包容互惠的发展前景，促进和而不同、兼收并蓄的文明交流，构筑尊崇自然、绿色发展的生态体系，始终做世界和平的建设者、全球发展的贡献者、国际秩序的维护者。

93.坚定不移走和平发展道路

党的十九届六中全会通过的《中共中央关于党的百年奋斗重大成就和历史经验的决议》强调："只要我们坚持和平发展道路，既通过维护世界和平发展自己，又通过自身发展维护世界和平，同世界上一切进步力量携手前进，不依附别人，不掠夺别人，永远不称霸，就一定能够不断为人类文明进步贡献智慧和力量，同世界各国人民一道，推动历史车轮向着光明的前途前进。"

十一、走和平发展道路的现代化

2014年3月28日,在德国科尔伯基金会的演讲中,习近平主席强调:"中国走和平发展道路,不是权宜之计,更不是外交辞令,而是从历史、现实、未来的客观判断中得出的结论,是思想自信和实践自觉的有机统一。和平发展道路对中国有利、对世界有利,我们想不出有任何理由不坚持这条被实践证明是走得通的道路。"中国坚定不移走和平发展道路,既通过维护世界和平发展自己,又通过自身发展维护世界和平。走和平发展道路,是中国对国际社会关注中国发展走向的回应,更是中国人民对实现自身发展目标的自信和自觉。这种自信和自觉,来源于中华文明的深厚渊源,来源于对实现中国发展目标条件的认知,来源于对世界发展大势的把握。

中华民族是爱好和平的民族。一个民族最深沉的精神追求,一定要在其薪火相传的民族精神中来进行基因测序。有着5000多年历史的中华文明,始终崇尚和平,和平、和睦、和谐的追求深深植根于中华民族的精神世界之中,深深溶化在中国人民的血脉之中。中国自古就提出了"国虽大,好战必亡"的箴言。"以和为贵""和而不同""化干戈为玉帛""国泰民安""睦邻友邦""天下太平""天下大同"等理念世代相传。中国历史上曾经长期是世界上最强大的国家之一,但没有留下殖民和侵略他国的记录。我们坚持走和平发展道路,是对几千年来中华民族热爱和平的文化传统的继承和发扬。

在相当长时期内,中国仍然是世界上最大的发展中国家,提高14亿多人的生活水平和质量需要我们付出艰苦的努力。中国要聚精会神搞建设,需要两个基本条件,一个是和谐稳定的国内环境,一个是和平安宁的国际环境。

历史是最好的老师,它忠实记录下每一个国家走过的足迹,也给每一个国家未来的发展提供启示。从1840年鸦片战争到1949年新中国成立的100多年间，中国社会战火频频、兵燹不断，内部战乱和外敌入侵循环发生，给中国人民带来了不堪回首的苦难。仅日本军国主义发动的侵华战争，就造成了中国军民伤亡3500多万人的人间惨剧。这段悲惨的历史，给中国人留下了刻骨铭心的记忆。中国人历来讲求"己所不欲，勿施于人"。中国需要和平，就像人需要空气一样，就像万物生长需要阳光一样。只有坚持走和平发展道路，只有同世界各国一道维护世界和平，中国才能实现自己的目标，才能为世界作出更大贡献。

几十年来，中国始终坚持独立自主的和平外交政策，始终强调中国外交政策的宗旨是维护世界和平、促进共同发展。中国多次公开宣示，中国反对各种形式的霸权主义和强权政治，不干涉别国内政，永远不称霸，永远不搞扩张。我们在政策上是这样规定的、制度上是这样设计的，在实践中更是一直这样做的。当然，中国将坚定不移维护自己的主权、安全、发展利益，任何国家都不要指望我们会吞下损害中国主权、安全、发展利益的苦果。

94.经济全球化是客观现实和历史潮流

2016年1月18日，习近平总书记在省部级主要领导干部学习贯彻党的十八届五中全会精神专题研讨班上的讲话中，从历史视角对"经济全球化"作了系统分析。2017年1月17日，习近平主席出席达沃斯世界经济论坛2017年年会开幕式并发表题为《共担时代责任 共促全球发展》的主旨演讲，强调经济全球化是社会生产力发展的客观要求和科技进步的必然结果，要适应和引导好经济全球化，消解经济全球化的负面影响，让它更好惠及每个国家、每个民族，实现经济全球化进程再平衡。

历史地看，经济全球化是社会生产力发展的客观要求和科技进步的必然结果，不是哪些人、哪些国家人为造出来的。经济全球化为世界经济增长提供了强劲动力，促进了商品和资本流动、科技和文明进步、各国人民交往。

经济全球化大致经历了三个阶段。一是殖民扩张和世界市场形成阶段。西方国家靠巧取豪夺、强权占领、殖民扩张，到第一次世界大战前基本完成了对世界的瓜分，世界各地区各民族都被卷入资本主义世界体系之中。二是两个平行世界市场阶段。第二次世界大战结束后，一批社会主义国家诞生，殖民地半殖民地国家纷纷独立，世界形成社会主义和资本主义两大阵营，在经济上则形成了两个平行的市场。三是经济全球化阶段。随着冷战结束，两大阵营对立局面不复存在，两个平行的市场随之不复存在，各国相互依存大幅加强，经济全球化快速发展演化。

与之相对应，我国同世界的关系也经历了三个阶段。一是从闭关锁国到半殖民地半封建社会阶段。先是在鸦片战争之前隔绝于世界市场和工业化大潮，接着在鸦片战争及以后的数次列强侵略战争中屡战屡败，成为积贫积弱的国家。二是"一边倒"和封闭半封闭阶段。新中国成立后，我们在向苏联"一边倒"和相对封闭的环境中艰辛探索社会主义建设之路。三是全方位对外开放阶段。改革开放以来，我们充分运用经济全球化带来的机遇，不断扩大对外开放，实现了我国同世界关系的历史性变革。

2001年，中国加入世界贸易组织（WTO），这是一个具有转折意义的变化，代表着中国经济已融入国际经济体系之中，与国际接轨。当年，我们推动复关谈判、入世谈判，都承受着很大压力。今天看来，我们大胆开放、走向世界，无疑是选择了正确方向。

2021年是中国加入世界贸易组织20周年。20年来，中国全面履行入世承诺，不断扩大开放，激活了中国发展的澎湃春潮，也激活了世界经济的一池春水。这20年，是中国深化改革、全面开放的20年，是中国把握机遇、迎接挑战的20年，是中国主动担责、造福世界的20年。这20年来中国的发展进步，是中国人民在中国共产党坚强领导下埋头苦干、顽强奋斗取得的，也是中国主动加强国际合作、践行互利共赢的结果。

当然，我们也要承认，经济全球化是一把"双刃剑"。当世界经济处于下行期的时候，全球经济"蛋糕"不容易做大，甚至变小了，增长和分配、资本和劳动、效率和公平的矛盾就会更加突出，发达国家和发展中国家都会感受到压力和冲击。反全球化的呼声，反映了经济全球化进程的不足，值得我们重视和深思。

人类历史告诉我们，有问题不可怕，可怕的是不敢直面问题，找不到解决问题的思路。面对经济全球化带来的机遇和挑战，正确的选择是，充分利用一切机遇，合作应对一切挑战，引导好经济全球化走向。

新冠肺炎疫情启示我们，经济全球化是客观现实和历史潮流。面对经济全球化大势，像鸵鸟一样把头埋在沙里假装视而不见，或像堂吉诃德一样挥舞长矛加以抵制，都违背了历史规律。世界退不回彼此封闭孤立的状态，更不可能被人为割裂。我们不能回避经济全球化带来的挑战，必须直面贫富差距、发展鸿沟等重大问题。我们要处理好政府和市场、公平和效率、增长和分配、技术和就业的关系，使发展既平衡又充分，发展成果公平惠及不同国家不同阶层不同人群。我们要秉持开放包容理念，坚定不移构建开放型世界经济，维护以世界贸易组织为基石的多边贸易体制，旗帜鲜明反对单边主义、保护主义，维护全球产业链供应链稳定畅通。

95."一带一路"与"进博会"

（1）"一带一路"

"一带一路"是丝绸之路经济带和21世纪海上丝绸之路的简称。

2013年9月和10月，在出访中亚和东南亚国家期间，习近平主席先后提出共建"新丝绸之路经济带"和"21世纪海上丝绸之路"的重大倡议。共建"一带一路"倡议源于中国，机会和成果属于世界。"一带一路"建设不是另起炉灶、推倒重来，而是实现战略对接、优势互补，把中国发展同各参与国发展结合起来，把中国梦同各参与国人民的梦想结合起来。"一带一路"建设同俄罗斯提出的欧亚经济联盟、哈萨克斯坦提出的"光明之路"、土耳其提出的"中间走廊"、蒙古国提出的"发展之路"、越南提出的"两廊一圈"、英国提出的"英格兰北方经济中心"、波兰提出的"琥珀之路"等对接起来。

"一带一路"建设根植于历史，但面向未来。古丝绸之路凝聚了先辈们对美好生活的追求，促进了亚欧大陆各国互联互通，推动了东西方文明交流互鉴，为人类文明发展进步作出了重大贡献。我们完全可以从古丝绸之路中汲取智慧和力量，本着和平合作、开放包容、互学互鉴、互利共赢的丝路精神推进合作，共同开辟更加光明的前景。

"一带一路"源自中国，但属于世界。"一带一路"建设跨越不同地域、不同发展阶段、不同文明，是一个开放包容的合作平台，是各方共同打造的全球公共产品。它以亚欧大陆为重点，向所有志同道合的朋友开放，不排除、也不针对任何一方。

2015年3月28日，国家发展改革委、外交部、商务部联合发布了《推动共建丝绸之路经济带和21世纪海上丝绸之路的愿景与行动》。要着力把"一带一路"建成和平之路、繁荣之路、开放之路、创新之路、文明之路。中国共产党第十九次全国代表大会通过了《中国共产党章程（修正案）》的决议，将推进"一带一路"建设写入党章。这充分体现了在中国共产党领导下，中国高度重视"一带一路"建设、坚定推进"一带一路"国际合作的决心和信心。

共建"一带一路"倡议成为中国参与全球开放合作、促进全球共同发展繁荣、推动构建人类命运共同体的中国方案。2021年10月26日，国新办就我国抗疫援助及国际发展合作举行发布会。国家国际发展合作署有关负责人介绍：到目前为止，中国已同140个国家和32个国际组织签署了206份共建"一带一路"合作文件，建立了90多个双边合作机制。

共建"一带一路"倡议源于中国，但机会和成果属于世界，中国不打地缘博弈小算盘，不搞封闭排他小圈子，不做凌驾于人的强买强卖。需要指出的是，"一带一路"建设是全新的事物，在合作中有些不同意见是完全正常的，只要各方秉持和遵循共商共建共享的原则，就一定能增进合作、化解分歧，把"一带一路"打造成为顺应经济全球化潮流的最广泛国际合作平台，让共建"一带一路"更好造福各国人民。

（2）中国国际进口博览会

中国国际进口博览会，是迄今为止世界上第一个以进口为主题的国家级展会，是国际贸易发展史上一大创举。举办中国国际进口博览会，是中国着眼于推动新一轮高水平对外开放作出的重大决策，是中国主动向世界开放市场的重大举措。这体现了中国支持多边贸易体制、推动发展自由贸易的一贯立场，是中国推动建设开放型世界经济、支持经济全球化的实际行动。

中国国际进口博览会，简称"进博会"，由中华人民共和国商务部、上海市人民政府主办；合作单位是世界贸易组织、联合国贸易和发展会议、联合国工业发展组织等国际组织。我国主动举办国际进口博览会，专门买外国的东西，就是要平衡贸易，解决国际上一些贸易逆差问题。这也将惠及中国百姓，他们需要更多国际上的优质产品。

2018年11月，首届中国国际进口博览会在长期领中国开放风气之先的上海盛大召开，这届进口博览会以"新时代，共享未来"为主题，共有172个国家、地区和国际组织参会。这是迄今为止世界上第一个以进口为主题的国家级展会，是国际贸易发展史上一大创举。2019年11月，第二届中国国际进口博览会召开。在首届基础上，第二届进口博览会有了新的提升，共有155个国家和地区、26个国际组织参加，更多"全球首发、中国首展"的新产品、新技术、新服务在博览会上亮相。2020年11月，第三届中国国际进口博览会如期召开，中国在确保防控疫情安全前提下如期举办这一全球贸易盛会。这届国际进口博览会采取线上线下结合的方式举行，各方面都做了周密安排，办成了一届安全、精彩、富有成效的博览会。2021年11月，第四届进博会在上海举行，58个国家和3个国际组织参加国家展，来自127个国家和地区的近3000家参展商亮相企业展。国家展首次线上举办，企业展继续设置食品及农产品、汽车、技术装备、消费品、医疗器械及医药保健、服务贸易六大展区。

经过4年发展，进博会让展品变商品、让展商变投资商，交流创意和理念，联通中国和世界，成为国际采购、投资促进、人文交流、开放合作的四大平台,成为全球共享的国际公共产品。中国将秉持开放、合作、团结、共赢的信念,坚定不移全面扩大开放,将更有效率地实现内外市场联通、要素资源共享,让中国市场成为世界的市场、共享的市场、大家的市场,为国际社会注入更多正能量。

96.自由贸易区提升战略

(1)自由贸易区

自由贸易区,是指由国家指定的交易贸易区,主权国家或地区在其关境内外,划出特定的区域,准许外国商品豁免关税、自由进出。狭义自贸区是指提供区内加工出口所需原料等货物的进口豁免关税的地区,类似进口加工区;广义自贸区还包括自由港和转口贸易区。加快实施自由贸易区战略,是中国新一轮对外开放的重要内容。"十四五"规划建议明确提出"实施自由贸易区提升战略,构建面向全球的高标准自由贸易区网络"。

2007年,党的十七大首次将自由贸易区建设提升到国家战略层面;2012年,党的十八大提出加快实施自由贸易区战略;2017年,党的十九大提出促进自由贸易区建设;2019年,党的十九届四中全会提出推动构建面向全球的高标准自由贸易区网络。

2002年,我国与东盟签订了自由贸易协定,这是我国的第一个自由贸易协定,开启了我国自由贸易协定事业的新征程。截至2021年8月,我国已经达成了19个自由贸易协定,和26个国家和地区签署了这些协定。

自由贸易协定对扩大我国同自由贸易伙伴的贸易与投资关系,稳定我国的外贸外资基本盘作用非常显著。2020年，新冠肺炎疫情对全球的对外贸易影响很大，但我国同自由贸易协定伙伴的贸易额增长达3.2%，和非自由贸易协定伙伴贸易额只增长0.8%。就投资关系来说，2020年我国对外投资近70%是对自由贸易伙伴国家投资的，吸引外资的84%来自自由贸易协定的伙伴。

（2）区域全面经济伙伴关系（RCEP）

RCEP由东盟于2012年发起，历经8年、31轮正式谈判，最终在第四次领导人会议期间如期签署协定，成为东亚经济一体化建设近20年来最重要的成果。2020年11月15日，第四次区域全面经济伙伴关系协定（RCEP）领导人会议以视频方式举行，会后东盟十国和中国、日本、韩国、澳大利亚、新西兰共15个国家正式签署了《区域全面经济伙伴关系协定》。这意味着，真正的世界最大自由贸易区成立，涵盖22亿多人、GDP总额26.2万亿美元（一半以上来自中国）和近28%的全球贸易。

RCEP要求15个成员国均承诺降低关税、开放市场、减少标准壁垒。这是一个现代、全面、高质量、互惠的大型区域自贸协定。此前东盟已与中国、日本、韩国等国签署了多个"10+1"自贸协定，中、日、韩、澳、新西兰5国之间也有多对自贸伙伴关系，相比之下，RCEP的服务贸易和投资开放水平高于"10+1"协定，将发挥区域内经贸规则"整合器"的作用。

2022年1月1日，区域全面经济伙伴关系协定（RCEP）对文莱、柬埔寨、老挝、新加坡、泰国、越南等6个东盟成员国以及中国、日本、新西兰和澳大利亚共10国正式生效。韩国也已完成核准程序，将于2月1日生效实施，其他成员都在加紧相关核准程序。全球最大自由贸易区正式启航。

（3）中国自由贸易区

中国自由贸易区，是指在国境内关外设立的，以优惠税收和海关特殊监管政策为主要手段，以贸易自由化便利化为主要目的的多功能经济性特区。原则上是指在没有海关"干预"的情况下允许货物进口、制造、再出口。中国自由贸易区建设力度和意义堪与20世纪80年代建立深圳特区和90年代开发浦东两大事件相媲美，其核心是营造一个符合国际惯例的，对内外资的投资都要具有国际竞争力的国际商业环境。

2013年9月27日，中国第一个自贸区——上海自由贸易试验区设立。在上海自贸区的示范作用下，中国自贸区经历了多轮建设，已设立20多个，形成东西南北中协调、陆海统筹的开放态势。

2014年12月5日，中共中央政治局就加快自由贸易区建设进行第十九次集体学习。习近平总书记在主持学习时指出，加快实施自由贸易区战略，是我国新一轮对外开放的重要内容。党的十七大把自由贸易区建设上升为国家战略；党的十八大提出要加快实施自由贸易区战略；党的十八届三中全会提出要以周边为基础加快实施自由贸易区战略，形成面向全球的高标准自由贸易区网络。

加快实施自由贸易区战略，是适应经济全球化新趋势的客观要求，是全面深化改革、构建开放型经济新体制的必然选择，也是我国积极运筹对外关系、实现对外战略目标的重要手段。我们要加快实施自由贸易区战略，发挥自由贸易区对贸易投资的促进作用，更好帮助我国企业开拓国际市场，为我国经济发展注入新动力、增添新活力、拓展新空间。加快实施自由贸易区战略，是我国积极参与国际经贸规则制定、争取全球经济治理制度性权力的重要平台。我们不能当旁观者、跟随者，而是要做参与者、引领者，善于通过自由贸易区建设增强我国国际竞争力，在国际规则制定中发出更多中国声音、注入更多中国元素，维护和拓展我国发展利益。

97.稳慎推进人民币国际化

党的十九届五中全会通过的《中共中央关于制定国民经济和社会发展第十四个五年规划和二〇三五年远景目标的建议》强调："稳慎推进人民币国际化，坚持市场驱动和企业自主选择，营造以人民币自由使用为基础的新型互利合作关系。"推进人民币国际化具有重要战略意义，此次写入《建议》，将有效指引人民币国际化进程。

金融是现代经济的血脉，国际金融体系是全球经济活动的中枢。美国前国务卿基辛格说："谁控制了货币，就控制了世界。"美国能够在全世界搞霸权主义，很重要的原因就是美元是全球流通货币，美元霸权让美国制裁他国得心应手，美国也通过美元霸权一次次转嫁国内通胀，剪全世界"羊毛"。伴随着布雷顿森林体系的崩塌、石油美元的危机、滥发美元的弊病，世界各国都在推行多元化的国际流通货币。

2008年国际金融危机之前，我国经济以外循环为主，在资金流上主要反映为使用外汇，人民币在国际货币流动中的占比一直较低。我国加快构建以国内大循环为主体、国内国际双循环相互促进的新发展格局，在资金流上也将转变为人民币支付进口和对外合作、再通过出口收取人民币和境外主体投资境内金融市场等渠道回流境内的人民币循环，这将有效地发挥我国超大规模市场优势，促进国际合作，实现互利共赢。

人民币国际化的前提是人民币自由使用。货币自由使用，理论上是指国际交易支付中被广泛使用和在主要外汇市场上被广泛交易，在实践中主要是通过货币在全球外汇储备、国际银行负债、国际债务证券、跨境支付、贸易融资中的比重及在主要外汇市场交易量等指标来衡量。从2016年10月1日起，人民币已被国际货币基金组织认定为自由使用货币。但人民币自由使用的水平仍有待提高，人民币跨境循环仍存在堵点，人民币跨境清算机制的政策便利性和可预期性有待提高，人民币跨境基础设施尚处于发展阶段，布局还不够广泛，网络效应尚未得到充分体现，需要提升人民币自由使用水平，夯实人民币国际化基础，让国内外市场主体更愿意使用人民币。人民币国际化是一个水到渠成的自然历史过程，在推进过程中，需要充分尊重和顺应市场规律，企业等主体选择哪种货币进行计价、结算、投资、融资均是自身商业决策的结果。我们要建设完备的基础设施，去除不必要的限制，引导金融机构提供更好的服务，为各类市场主体使用人民币创造条件。

2019年2月22日，习近平总书记在主持中共中央政治局第十三次集体学习时强调，要提高金融业全球竞争能力，扩大金融高水平双向开放。我们要加强对外合作中人民币的使用，促进对外投资、贷款、援助中使用人民币，包括完善"一带一路"人民币金融服务。增加人民币的计价货币功能，加快我国大宗商品人民币现货、期货等市场体系建设和对外开放。大力加强政策体系和金融基础设施建设，完善清晰、透明、稳健的人民币自由使用政策，完善本外币一体化的"宏观审慎+微观监管"外汇管理框架，防范跨境资本流动风险。推进金融双向开放，提升服务水平，稳步提升人民币的国际储备货币地位。

十一、走和平发展道路的现代化

2021年4月出台的《中共中央 国务院关于支持浦东新区高水平改革开放 打造社会主义现代化建设引领区的意见》强调，创新面向国际的人民币金融产品，扩大境外人民币境内投资金融产品范围，促进人民币资金跨境双向流动。研究探索在中国外汇交易中心等开展人民币外汇期货交易试点。推动金融期货市场与股票、债券、外汇、保险等市场合作，共同开发适应投资者需求的金融市场产品和工具。构建与上海国际金融中心相匹配的离岸金融体系，支持浦东在风险可控前提下，发展人民币离岸交易。

当前，我国的新冠肺炎疫情防控和复工复产领先全球，金融市场运行平稳，国内市场发展潜力巨大，人民币资产"避风港"作用愈加凸显，人民币资产对全球资金的吸引力正在明显增强。我们稳慎推进人民币国际化，营造以人民币自由使用为基础的新型互利合作关系。

98.践行真正的多边主义

"我们必须完善全球治理，践行真正的多边主义。"2021年9月21日，习近平主席在第七十六届联合国大会一般性辩论上的讲话中再次强调了"真正的多边主义"。在博鳌亚洲论坛2021年年会开幕式上的视频主旨演讲中、在金砖国家领导人第十三次会晤上的讲话中、在上海合作组织成员国元首理事会第二十一次会议上的讲话中，习近平主席都强调了这一重要国际交往原则。多边主义是维护和平、促进发展的有效路径，其要义是国际上的事由大家共同商量着办，世界前途命运由各国共同掌握。

当前，百年变局和世纪疫情交织叠加，世界进入动荡变革期，不稳定性不确定性显著上升。人类社会面临的治理赤字、信任赤字、发展赤字、和平赤字有增无减，实现普遍安全、促进共同发展依然任重道远。同时，世界多极化趋势没有根本改变，经济全球化展现出新的韧性，维护多边主义、加强沟通协作的呼声更加强烈。人类社会应该向何处去？我们应该为子孙后代创造一个什么样的未来？我们要以足够的信心、勇气、担当，回答时代课题，作出历史抉择。我国从人类共同利益出发，以负责任大国态度作出了明确回答，那就是维护和践行真正的多边主义，推动构建人类命运共同体。

践行真正的多边主义，就要弘扬全人类共同价值。习近平主席多次在国际舞台上就弘扬多边主义和全人类共同价值发出响亮声音，就反对霸权主义和强权政治表明公正立场。我们主张，坚守和平、发展、公平、正义、民主、自由的全人类共同价值，摆脱意识形态偏见，最大程度增强合作机制、理念、政策的开放性和包容性，共同维护世界和平稳定。一个和平发展的世界应该承载不同形态的文明，必须兼容走向现代化的多样道路。经历了疫情洗礼，各国人民更加清晰地认识到，必须摒弃冷战思维和零和博弈，反对任何形式的"新冷战"和意识形态对抗。我们要大力弘扬全人类共同价值，在公平公正的基础上竞争，开展你追我赶、共同提高的田径赛，而不是搞相互攻击、你死我活的角斗赛。

践行真正的多边主义，就要切实维护公平正义的体系、秩序、规则。国际社会应该按照各国共同达成的规则和共识来治理，而不能由一个或几个国家来发号施令。世界只有一个体系，就是以联合国为核心的国际体系。只有一个秩序，就是以国际法为基础的国际秩序。只有一套规则，就是以联合国宪章宗旨和原则为基础的国际关系基本准则。联合国宪章是公认的国与国关系的基本准则，践踏国际社会共同制定、普遍公认的国际准则，世界最终将滑向弱肉强食的<u>丛林法则</u>，给人类带来灾难性后果。解决国际上的事情，不能从所谓"实力地位"出发，推行霸权、霸道、霸凌，应该以联合国宪章宗旨和原则为遵循，坚持共商共建共享，把平等相待、互尊互信挺在前面。

践行真正的多边主义，反对"伪多边主义"。"伪多边主义"表面上打着多边主义的旗号，实质上是要搞"小圈子"和集团政治，甚至要以意识形态站队、阵营之间选边来割裂世界，破坏国际秩序、制造对抗和分裂。我们坚决反对恃强凌弱，"甩锅"污蔑，颠倒黑白，以多边主义之名、行单边主义之实。坚决反对把国际规则当成维护自身霸权的工具，以自己的利益为标准，合则用、不合则弃，搞"有选择的多边主义"。世界要公道，不要霸道。国际上的事应该由大家共同商量着办，世界前途命运应该由各国共同掌握，不能把一个或几个国家制定的规则强加于人，也不能由个别国家的单边主义给整个世界"带节奏"。我们要秉持共商共建共享原则，坚持真正的多边主义，推动全球治理体系朝着更加公正合理的方向发展。

"一时强弱在于力，千秋胜负在于理。"世界又站在历史的十字路口。我们应该着眼全球长远发展，慎重作出理性抉择。无论是应对眼下的挑战，还是共创美好的未来，人类都需要同舟共济、团结合作，践行真正的多边主义。让我们携起手来，让多边主义火炬照亮人类前行之路，向着构建人类命运共同体不断迈进。

99.为世界谋大同

党的十九届六中全会通过的《中共中央关于党的百年奋斗重大成就和历史经验的决议》指出："一百年来，党既为中国人民谋幸福、为中华民族谋复兴，也为人类谋进步、为世界谋大同，以自强不息的奋斗深刻改变了世界发展的趋势和格局。"2017年12月，在中国共产党与世界政党高层对话会上，习近平总书记强调："中国共产党所做的一切，就是为中国人民谋幸福、为中华民族谋复兴、为人类谋和平与发展。"2018年4月，在人民大会堂会见联合国秘书长古特雷斯时，习近平主席进一步提出"我们所做的一切都是为人民谋幸福，为民族谋复兴，为世界谋大同"。中国共产党的初心和使命，不仅是为中国人民谋幸福、为中华民族谋复兴，而且还包含为世界谋大同。

众所周知，经过改革开放40多年的快速发展，中国经济总量已经位居世界第二。过去数十年，国际经济力量对比深刻演变，而全球治理体系未能反映新格局，代表性和包容性很不够。全球产业布局在不断调整，新的产业链、价值链、供应链日益形成，而贸易和投资规则未能跟上新形势，机制封闭化、规则碎片化十分突出。全球金融市场需要增强抗风险能力，而全球金融治理机制未能适应新需求，难以有效化解国际金融市场频繁动荡、资产泡沫积聚等问题。

新冠肺炎疫情加速了国际格局调整，世界进入动荡变革期。国际社会正在经历多边和单边、开放和封闭、合作和对抗的重大考验。"世界怎么了，我们怎么办"成为时代之问。

以习近平同志为核心的党中央从历史和现实、理论和实践、国内和国际等多重角度深入思考时代之问，积极探索完善全球治理的理念和方案。

党的十九大报告明确提出，中国秉持共商共建共享的全球治理观，倡导国际关系民主化，坚持国家不分大小、强弱、贫富一律平等，支持联合国发挥积极作用，支持扩大发展中国家在国际事务中的代表性和发言权。中国将继续发挥负责任大国作用，积极参与全球治理体系改革和建设，不断贡献中国智慧和力量。

十一、走和平发展道路的现代化

党的十八大以来，中国理念、中国智慧、中国方案日益受到全球关注，中国成为全球治理的重要参与者，并在主场外交中积极推进全球治理体系改革和建设。中国先后举办了APEC领导人非正式会议、G20杭州峰会、"一带一路"国际合作高峰论坛、厦门金砖峰会、青岛上合组织峰会、中非合作论坛北京峰会、中国国际进口博览会等大型主场外交，都取得了重要的建设性成果。面对此起彼伏的地区热点问题和层出不穷的各种全球性挑战，中国发挥了越来越大的建设性作用，国际话语权和影响力不断提高。

中国坚定维护以规则为基础的透明、非歧视、开放、包容的多边贸易体制，支持世界贸易组织改革，增强其有效性和权威性，促进自由贸易，反对单边主义和保护主义，维护公平竞争，保障发展中国家发展权益和空间。要继续改革国际金融体系，按期完成国际货币基金组织第十六轮份额检查，扩大特别提款权作用，筑牢全球金融安全网，提高发展中国家代表性和发言权，使经济全球化朝着更加开放、包容、普惠、平衡、共赢的方向发展。

面对各国对数据安全、数字鸿沟、个人隐私、道德伦理等方面的关切，我们要秉持以人为中心、基于事实的政策导向，鼓励创新，建立互信，支持联合国就此发挥领导作用，携手打造开放、公平、公正、非歧视的数字发展环境。中国提出了《全球数据安全倡议》，愿以此为基础，同各方探讨并制定全球数字治理规则。中方支持围绕人工智能加强对话，倡议适时召开专题会议，推动落实二十国集团人工智能原则，引领全球人工智能健康发展。二十国集团还要以开放和包容方式探讨制定法定数字货币标准和原则，在共同推动国际货币体系向前发展过程中，妥善应对各类风险挑战。

当前，最紧迫的任务是加强全球公共卫生体系，防控新冠肺炎疫情和其他传染性疾病。中国主张加强世界卫生组织作用，推进全球疾病大流行防范应对，扎牢维护人类健康安全的篱笆，构建人类卫生健康共同体，共同建设清洁美丽的世界，实现人与自然和谐共存。只要我们坚持和平发展道路，既通过维护世界和平发展自己，又通过自身发展维护世界和平，同世界上一切进步力量携手前进，不依附别人，不掠夺别人，永远不称霸，就一定能够不断为人类文明进步贡献智慧和力量，同世界各国人民一道，推动历史车轮向着光明的前途前进。

100.时与势在我们一边

党的十九届六中全会通过的《中共中央关于党的百年奋斗重大成就和历史经验的决议》指出："大道之行，天下为公。党始终以世界眼光关注人类前途命运，从人类发展大潮流、世界变化大格局、中国发展大历史正确认识和处理同外部世界的关系，坚持开放、不搞封闭，坚持互利共赢、不搞零和博弈，坚持主持公道、伸张正义，站在历史正确的一边，站在人类进步的一边。"

"所当乘者势也，不可失者时也。"习近平总书记在省部级主要领导干部学习贯彻党的十九届五中全会精神专题研讨班开班式上指出，当今世界正经历百年未有之大变局，但时与势在我们一边，这是我们定力和底气所在，也是我们的决心和信心所在。

世界正在经历百年未有之大变局，既是大发展的时代，也是大变革的时代。新冠肺炎疫情加剧了大变局的演变，国际环境日趋复杂，经济全球化遭遇逆流，一些国家单边主义、保护主义盛行，国际经济、科技、文化、安全、政治等格局都在发生深刻调整，世界进入动荡变革期，我们必须在一个更加不稳定不确定的世界中谋求我国发展。

时间在我们一边。时间是最忠实的记录者，也是最客观的见证者。我们端起历史规律的望远镜看到，随着社会主义中国的蓬勃发展，时间见证了"历史终结论"的终结，"中国崩溃论"的崩溃，"社会主义失败论"的失败。让时间定格在2020年，中国成为疫情发生以来第一个恢复增长的主要经济体，全球唯一实现正增长的主要经济体，国内生产总值迈上100万亿元台阶。在全球抗疫大考中，"中国之治"与"西方之乱"形成鲜明对比。当前和今后一个时期，我国发展仍然处于重要战略机遇期，但机遇和挑战都有新的发展变化，机遇和挑战之大都前所未有，总体上机遇大于挑战。展望未来，中国力量、中国方案、中国智慧必将获得国际社会越来越多的赞誉和支持，中国特色社会主义道路必将越走越宽广。

大势在我们一边。万川归海，这是地理之"势"；民族复兴，这是历史之"势"。习近平总书记指出："一个国家、一个民族要振兴，就必须在历史前进的逻辑中前进、在时代发展的潮流中发展。"当今世界，经济全球化是不可逆转的历史大势，和平与发展的时代主题没有变。在国际上搞"小圈子""新冷战"，排斥、威胁、恐吓他人，动不动就搞脱钩、断供、制裁，人为造成相互隔离甚至隔绝，只能把世界推向分裂甚至对抗。利用疫情搞"去全球化"、搞封闭脱钩，不符合任何一方利益。世界是各国人民的世界，世界面临的困难和挑战需要各国人民同舟共济、携手应对，和平发展、合作共赢才是人间正道。习近平总书记曾引用车尔尼雪夫斯基的名句，"历史的道路不是涅瓦大街上的人行道"，总要穿过尘埃和泥泞，行经沼泽与丛林。作为负责任大国，中国坚守和平、发展、公平、正义、民主、自由的全人类共同价值，坚持共商共建共享的全球治理观，坚定不移走和平发展、开放发展、合作发展、共同发展道路。我们把握历史大势，坚定维护和践行多边主义，推动构建人类命运共同体，获得国际社会越来越多的响应和参与，中国的朋友圈不断扩大，历史天平正向中国倾斜。

办好自己的事，全面做强自己。时与势在我们一边，绝不等于可以安于现状，绝不等于可以高枕无忧。面对时代赋予的使命，我们必须继续谦虚谨慎、艰苦奋斗，始终保持战略定力，全力办好自己的事，锲而不舍实现我们的既定目标。加快构建以国内大循环为主体、国内国际双循环相互促进的新发展格局，是"十四五"规划建议提出的一项关系我国发展全局的重大战略任务。我们要准确把握新发展阶段，深入贯彻新发展理念，加快构建新发展格局，推动"十四五"时期高质量发展。

"明者因时而变，知者随事而制。"今日的中国"居天下之广居，立天下之正位，行天下之大道"，日益走近世界舞台中央。面对风云变幻的国际局势和错综复杂的国内外环境，科学把握中国发展的时和势，始终保持战略定力，激扬善于变革、勇于斗争的能力，无论遇到狂风暴雨还是惊涛骇浪，"中国号"巨轮都将顺利抵达梦想的彼岸，创造新的伟大奇迹，书写新的伟大篇章。

参考文献

1. 《习近平谈治国理政》第一卷,外文出版社2018年版。
2. 《习近平谈治国理政》第二卷,外文出版社2017年版。
3. 《习近平谈治国理政》第三卷,外文出版社2020年版。
4. 《毛泽东选集》(第一至四卷),人民出版社1991年版。
5. 《邓小平文选》(第一至三卷),人民出版社1994、1993年版。
6. 本书编写组编著:《党的十九届五中全会〈建议〉学习辅导百问》,党建读物出版社、学习出版社2020年版。
7. 本书编写组编著:《党的十九届六中全会〈决议〉学习辅导百问》,学习出版社、党建读物出版社2021年版。
8. 本书编写组:《中华人民共和国简史》,人民出版社2021年版。
9. 习近平:《在庆祝中国共产党成立100周年大会上的讲话》,《人民日报》2021年7月2日。
10. 习近平:《在纪念马克思诞辰200周年大会上的讲话》,《人民日报》2018年5月5日。
11. 《中共中央关于党的百年奋斗重大成就和历史经验的决议》,人民出版社2021年版。
12. 《中共中央关于制定国民经济和社会发展第十四个五年规划和二〇三五年远景目标的建议》,《人民日报》2020年11月4日。
13. 习近平:《以史为鉴、开创未来 埋头苦干、勇毅前行》,《求是》2022年第1期。

14. 习近平:《在纪念毛泽东同志诞辰120周年座谈会上的讲话》,《人民日报》2013年12月27日。

15. 习近平:《扎实推动共同富裕》,《求是》2021年第20期。

16. 习近平:《深入实施新时代人才强国战略 加快建设世界重要人才中心和创新高地》,《求是》2021年第24期。

17. 习近平:《在中国科学院第二十次院士大会、中国工程院第十五次院士大会、中国科协第十次全国代表大会上的讲话》,《人民日报》2021年5月29日。

18. 习近平:《在企业家座谈会上的讲话》,《人民日报》2020年7月22日。

19. 习近平:《在全国劳动模范和先进工作者表彰大会上的讲话》,《人民日报》2020年11月25日。

20. 习近平:《在教育文化卫生体育领域专家代表座谈会上的讲话》,《人民日报》2020年9月23日。

21. 习近平:《在联合国教科文组织总部的演讲》,《人民日报》2014年3月28日。

22. 习近平:《坚持和完善中国特色社会主义制度 推进国家治理体系和治理能力现代化》,《求是》2020年第1期。

23. 习近平:《坚持可持续发展 共建亚太命运共同体——在亚太经合组织工商领导人峰会上的主旨演讲》,《人民日报》2021年11月12日。

24. 习近平:《为实现民族伟大复兴 推进祖国和平统一而共同奋斗——在〈告台湾同胞书〉发表40周年纪念会上的讲话》,《人民日报》2019年1月3日。

25. 习近平:《携手构建合作共赢新伙伴 同心打造人类命运共同体——在第七十届联合国大会一般性辩论时的讲话》,《人民日报》2015年

9月29日。

26.习近平:《共担时代责任 共促全球发展》,《求是》2020年第24期。

27.习近平:《坚定信心 共克时艰 共建更加美好的世界——在第七十六届联合国大会一般性辩论上的讲话》,《人民日报》2021年9月22日。

后 记

中国式现代化关系到我们每一个人,甚至深刻影响着世界。编写《中国式现代化100关键词》这本书,正是要帮助大家全方位多角度地理解关于中国式现代化道路,理解党和国家关于中国现代化的方针政策,从而为全面建成社会主义现代化强国更好地贡献力量。

"关键词"类书籍,看似容易写,写好并不容易。一本好的"关键词"类的书籍,应该是一本权威系统且可读性强的工具书,供读者放在案头,时常翻阅,能够解疑释惑,能够作为写作、演讲、讲课的参考书。这就要求这类书具有权威性、准确性、系统性、思想性、知识性和可读性,需要作者掌握权威准确、系统全面的材料,具备雄厚的知识储备,具有良好的文字功底。不敢说这本书体现了"六性",但我竭尽全力去做了。通过反复思考,大量查找资料,经常写到深夜,只希望呈现给读者的是一本值得一读的书。多年来我一直用心用力学习习近平总书记系列重要讲话,学习党中央的大政方针。每当习近平总书记的讲话一发表或者重要会议消息一出,便立即学习其精神,并整理到自己的资料库,标注出重点,方便随时查阅,同时也为这本书的写作打下了基础,并为查找理论支持提供了极大便利。对于每一个关键词,都力求通过细致的梳理,弄清其来龙去脉,提炼出精华,简要地呈现给读者,并作出科学精当的分析和评价。根据每一个关键词的特点,或强调其内涵的演变历史,或强调其时代内涵,或强调其现实意义,等等。我知道每一个关键词的内容既要简短,又要表述准确凝练,文风平实流畅。从谋篇布局的深入思考、不断完善,到每一个关键词的认真撰写、细致打磨，编著此书所下的功夫，不亚于写一本关于中国式现代化的专著。

　　写作的过程也是学习的过程，我反复学习习近平总书记系列重要讲话、反复研究《中共中央关于党的百年奋斗重大成就和历史经验的决议》和《中共中央关于制定国民经济和社会发展第十四个五年规划和二〇三五年远景目标的建议》，大量查阅党中央的重大会议和重要文件、思考每一个关键词的历史渊源和时代内涵，从而更加深刻全面地理解中国式现代化。此外，我还重点参考了《党的十九届五中全会〈建议〉学习辅导百问》《党的十九届六中全会〈决议〉学习辅导百问》《中华人民共和国简史》等书。感谢红旗文稿杂志社编辑陈有勇，他帮忙校对了书稿，对有些关键词作出精到修改，使得本书增色不少。需要特别说明的是，书中的重大观点论断都来源于习近平总书记的最新讲话精神和党中央最新出台的重大文献、重要文件，力求奉献给读者的是一本最新且权威的工具书、参考书。

　　写作本书的初衷，力求为读者学习探索中国式现代化道路提供一本平实简明、有角度有深度的工具书。鉴于本人水平所限，书中有错失疏漏之处，敬请读者批评指正。

编　者

2022年1月